黑暗⑩的角落

——法律訴訟及獄政管理實務教範

王健驊．彙編

聯合推薦序

　　法律實為保護懂得法律的人。因之，權利之維護則取決於對司法程序與法律訴訟之理解，以及對自身應有權益維護的堅持！

　　中華亞太法商策略整合協會法務長王健驊先生，其《黑暗的角落——法律訴訟及獄管實務教範》之彙編，係參據刑法、刑事訴訟法、監獄行刑法，及行刑處遇累進條例等相關法律、法規；並援引台北監獄及花蓮監獄受刑人手冊，結合獄管實務和既有監獄設施所彙編，均有實用與程式性之釋述，實為一本綜合司法獄管實務論述而彙編之自衛參考工具書。另亦祈予受刑人為勵新之策勉，並殷盼予法務部及各監、所如何執行矯正教化？如何杜絕獄管之流弊？與確依法執行刑罰之認識等獄政管理興革之諫言。刑事實體法規範國家刑罰權之成立要件及其刑罰內容；是故，刑事訴訟法與監獄行刑法，即是確定國家具體刑罰權之基砥。我國憲法強調限制人民身體自由之處置，應以法律規定，且其內容更需實質正當；因之，對於法治國所保障的人民自由與權利，是以，司法訴訟程序與刑罰之執行，不但要發現真實，必須確切遵守程序正義，並應兼顧保障人權。

　　監獄是徒刑執行之處所。每位即將面對入監服刑之人，必定在入監前是心情紊亂、複雜的；更在許多繪聲繪影傳言下，心境其實是惶惑和不安的；抑或在入監服刑前有種不知所措，無所適從之恐慌和煩躁的！故，藉獄管實務之概述讓即將入監服刑者，對將於監獄、看守所服刑時能有一基本之認識與了解，及在入監服刑期間應

恪守之本分（義務）與得保有之基本人權，以期為自我心境之調整，得以坦然之心情面對即將接受之刑罰矯正（亦即坦然入監服刑），以祈平安順利的服完刑期，儘早重新振作返回社會！

　　一個自由民主社會的存續有賴「正義以法治為本」之體認；法制則奠基於尊重個人尊嚴，與個人有理性能力行開明自治。以此為基礎的法律，方得以使正義得以成為可能。然而長期以來，國人普遍缺乏獨立判斷的法學教養，在面對司法亂象時，失去了平衡整體制度及其社會脈絡的根據。司法體制之僵化為官僚體制，連帶使我們司法人教育和考選成為另一種八股考試，完全忽視了法律與社會互相詮釋的脈動。我們希望法律人能夠真正走出抽象法律的象牙塔，認真思考社會正義與價值的問題，這才是法的精神所在；否則個人權利將受制於無限制的權力左右，對法律的尊重將蕩然無存，理性自治則必淪為空中樓閣！

銘傳大學／明暉法律事務所
教授／律師　陳明暉

世權專利國際法律事務所
主持律師　易定芳

明言國際法律聯合事務所
主持律師　陳慶瑞

自序

　　《黑暗的角落——法律訴訟及獄政管理實務教範》是一本集結相關法令、法規，及具體管理實務與司法判例所整合彙編；為一本以法律為基砥架構，而藉策略整合方式維護應有權益的自衛參考書。

　　在彙編此書時，非常感謝銘傳大學法律系教授陳明暉博士（明暉法律事務所主持律師）；以及台大、政大、東吳大學法研所易定芳、許明桐、陳慶瑞等律師之指導與輔佐。也非常感謝我的摯友江捷中、鄧大偉、朱世華、徐偉修、楊雲龍先生等的支持與輔佐；以及澳洲 Deakin 大學與東吳大學法學院王政皓、王苡琳同學，在資料蒐整上之協助與整理，始能圓滿完成這本攸關司法獄政與法律訴訟實務參考工具書之彙編。

　　筆者於國防大學專研戰略指揮及組織管理；並於美國 OHIO 大學研習企管、澳洲 RMIT 大學研習國際商法及趨勢策略談判；返國後相繼於台灣大學法律研習班 12 期，與東吳大學法律碩士學分班修研民、刑法，以及淡江大學公關實務班進修。此期程就諸多司法冤抑與法律訴訟程序，及獄政管理實務之爭議，深感就法律與獄管實務言，常因缺乏充分整合之憑藉，常無法爭取到應有之基本權益，這也正是筆者之所以決定彙編這本實用參考工具書成因之所在。

　　《黑暗的角落——法律訴訟及獄政管理實務教範》的彙編，雖是項艱鉅的工作，但我們並不因此而驕傲，也不因此為自滿；終歸，法治趨勢的走向及延伸是廣泛寬遠的；我們仍會再接再厲為司法興

革與獄政管理實務，彙編同類型有關基本權益維護與保障之實用參考工具書。

　　本《黑暗的角落——法律訴訟及獄政管理實務教範》，彙編參考爰引著作與資料等列敘如下：

1. 新保成出版公司，《攻略式六法》（96、03月版）
2. 五南圖書出版公司，《訴訟書狀範例》（89、06月版）
3. 三民書局出版公司，《劉宗榮教授著作之民法概要》（91、08月版）
4. 讀品文化出版社，《危機管理譯著》（92、08月版）
5. 讀品文化出版社，《趨勢管理譯著》（93、01月版）
6. 首席文化出版社，《司法新趨勢月刊》
7. 高點文化事業公司，《民、刑法總則》（95.7月版）
8. 林山田教授，《刑法改革與刑事立法改革》（月旦92期）
9. 高金桂教授，《數罪併罰之修正與檢討》（月旦92期）
10. 林東茂教授，《刑法修正評價》（台灣本土67期）
11. 許玉秀教授，《罪刑法定原則的構成要件保障功能》（月旦123期）

王健驛　謹于 2010-02-17

◎王健驛法律相關著作：

1. 《勞基法導讀》（94年出版）
2. 《公寓大廈管理實務規範》（96年出版）
3. 《債權確保與債務清償實務教範》（97年出版）

目　次

危機管理預防與處理

· 看不見的影響力──潛在的趨勢危機

· 管理的持恆性──來自趨勢的需求

第一章

危機管理預防與處理

看不見的影響力──潛在的趨勢危機

　　台灣在經濟衰退，事業生存發展的振盪中，正有一種炙手可熱的行業靜悄悄的崛起。在現行產銷、管理行業的組織架構中，很難找到它的位置；但在事業週期存續轉折上，它卻能透過真實的分析、解讀，與發展衍伸之走向行研判，並藉執行與談判來逆轉危機，塑建事業永續生存發展的契機。

　　日前澳洲 cstm 法商策略談判師王健驊接受工商時報的訪問；他穿著鐵灰色畢挺的深色西服，水藍色的襯衫，給人一種尊重與權威的專業第一印象，誠如王健驊所說，整齊有力的穿著，代表著不僅是對事務的種敬業與尊重，也是自我精神與自信的展現！

　　王健驊告訴記者，一個成功的事業主管，必須要有獨立與積極，及絕不於強勢下妥協的特質。尤其在現實壓力下要有學習抗壓、競爭及追求新知的慾望，一旦機會降臨，更要懂得把握機勢。2007 年 7 月他在股東只著重眼前現實利益的短視下，毅然離開了原任執行長職的危機管理公司。在自行籌創公司這一年多的時間裡，他體悟到了人生的挫折，更深切體會到了現實的冷暖。訪談中王健驊振奮的說，人生中的挫折並不可怕，重要的是要能從挫折中重建

3

自己。在這期間，他幾度瀕臨信心崩潰的邊緣；只要遇到小小的挫折、不順遂，就全盤否定了自己；所幸，王健驊並沒有讓這樣的低潮持續，他強抑地調整心境與情緒不斷的檢思，每天工作超過了 12 個小時，藉工作把對現實勢利的淡薄漸漸釋懷，走出了另種積極的情境。2009 年底王健驊在友人協力下，創設了台灣法商策略整合聯合事務所，將趨勢危機法商管理談判觀念帶入到企業界，目的是要幫助更多的個人與企業，找到自己真正經營生存與發展的趨勢！

一、企業運行中，看不見的影響力——趨勢危機

我們一直都生活在人與事的溝通協商，以及磨和談判的相互適應模式中。談判並非僅用於危機處理，而是在日常生活與社交、社群及事業推展上；優勢卓越的談判能力，將決定事務的成功，也更能讓人際關係架構的更完善，事業經營更穩健，生活更有保障。

誠如年來，華航飛機因機件維修、航勤管理等接連發生之飛航危安事件來看，華航人員出面所做之解釋或道歉，只突顯了閃躲與規避的駝鳥新態，只求新聞報導盡快落幕後不了了之。然，消費大眾得到的片面訊息，不再是飛機機件故障的單一狀況，而是加深了對華航欲蓋彌彰不安全感的負面印象，這也正是許多事業常藉掩蓋、規避，來淡化、逃避問題的一種錯誤處理方式。

我們必須體認，當問題產生時若無法及時出面解決，或不能正面承擔錯誤，與提出因應之道，這種規避問題的駝鳥心態所產生的後果，絕不是任何一個事業在後續上的努力可以挽救回來的。因之，我們必須調整事業本體的認知，亦即將所有單一發生的事件，都視為一種危機的處理模式。例如十幾年前，統一集團發生的「千

面人事件」，當時統一集團馬上召開記者會說明，且大刀闊斧地將所有的飲料下架，並集中於廣場上以壓路機輾過，然後利用傳播媒體拍照及宣傳以示負責；雖然銷售利潤一度下滑４％，但兩週後隨即又回升到６％，且更超越了原先的銷售業績，這就代表了事業挽回了消費者的認同感；這種因勇於擔當，敢於認錯的事業氣度，所展現出來的適切解決方式，反而提升了事業的形象與利益。

二、企業趨勢危機之處理，首重關鍵點與時效性的掌控

危機趨勢的預判與應變處理能力，將超越管理及組織的單一思維。在經營環境急速銳變的今日，現代事業只重拼規模、業績與獲利，而忽略了「趨勢隱藏危機」所可能造成的鉅大致命衝擊；甚或在事業主自我專業的堅持與迷思裡，往往因趨勢走向中一個微弱因子的疏忽，與未能預判的衍伸，而造成了重大的傷害，甚而瓦解了整個事業體！

1. 趨勢危機處置與管理，不再是階層的高低，而是第一線接觸者的責任；換言之，也就是尊重及培訓各階層級，在其職權內之應變能力。

2. 真正的危機應變是在第一線的直接面對上，這實已取代了層層級職管理階層的執行；危機應變思維的興起，更將是事業生存的基本；因為企業賴以存續的，已不再是所有權與管控權，而是發生在第一線危機應變的開始。

3. 現在組織中的管理層所面臨的最大挑戰，應是如何地放權與接受第一線的指揮（或應稱為意見俱申）。我們必須了解，

專業與現實的發揮必須是連貫一致的,因之在擁有現在位置的職階權力者,並不代表能運用在變遷的未來;故,除自身的學習外,更需能接受第一線的意見。

三、預判及預防危機發生的可能

危機何時會發生,是我們無法及時與精確掌握的;但卻是我們能依事件趨勢的走向,能加以預判及預防的。危機一旦發生後,突顯的並不是危機事件的本身,而是「危機應變處理」的過程,及所「預期」的結果。

1. 一種新的管理形式,必將在趨勢演進中掌控主導,也就是在企業生存發展的架構體制下之運行外,一旦危機發生時,則是最先接觸者來做初期的指揮,以求先穩定事態的「擴張與衍生」,繼之才是由管理階層就企業整體做全盤的思維後,再交回第一線來執與推動。

2. 能拋棄階級觀念才能有效創新!革新憑藉的是什麼?不再是資本的雄厚;也不再是階層的高低與權力的大小,更不是神來之筆;而是在有效系統內的規範,才能在面對危機的應變中,不因專業或職級的高低而有所顧忌,也才能把握住革新與應變的契機。

四、趨勢危機談判思維之塑建

危機發生時的應變與處理,必須要有「全盤性」及「衍伸性」的考量,更要加以預判其可能的演變及趨勢的走向,並掌握住有效

主動處理的時效，方能化解危機帶來的衝擊，進而捕捉創造有力的趨勢，至而扭轉危機為轉機。

1、掌握關鍵問題之所在

在事件發生後，通常必然是橫生枝節及混沌不清的。此時主事者必先以冷靜之思維，了解全盤狀況及發生之始末，掌控住關鍵之核心問題，進而以此為題思擬出因應做為，與危機應變之步驟和程序；而非只憑單方面自身之主觀觀點加以論斷，方不致反造成以小失大的遺憾。

2、善用樹狀思維方式，掌握事件之演變

力求將危機事件導向單純化，切忌因短視而衍生出其它與不必要之枝節，造成危機事件的擴大或另個危機的發生。

３、研擬構思完整適切之處理方案

依上述思維及掌握之核心關鍵，預判處理過程中可能衍生之變化，並研擬相關之解決方案，以主導危機事件整體的發展走向而加以預防；切忌因慌亂或只見主題脈動，而忽略了枝節的演變衝撞。

４、主事者須有直接面對危機，方能解決危機的認知

危機的發生，通常是在無預警的狀況下衍生而來。若主事者不願或不能正視問題之所在，或欲盡速解決而粉飾太平，如此並不能真正排除當下，與未來可能潛在之危機點；故，只有在危機發生的第一時間，提出全盤考量後的直接回應方案，方能結束一場自身事業或雙方皆敗的局面。

五、檢視一下，您的事業是否站在趨勢的前端

　　危機事件的發生，不僅是問題的浮現，更是在檢核協調處理問題的應變能力。若能在對立的雙方中，找出彼此都可「認同的平衡點」與解決方式，如此不僅化解了不必要的爭執，與可能所將引發的負面評價，也才是趨勢危機談判的最終目的。

1. 事業若只有需求的滿足，亦即只知道迎合消費者，創造他們需要的東西，則必被市場淘汰；因而，必須能在需求上做到替消費者創造及教育的目的，方能帶動與引導消費者的情緒。

2. 趨勢危機管理的定義，是把無法量化的危機應變理念，必須先由第一線員工著手，與企業主或管理階層在上的覺醒，將整合與策略法則放在企業的架構裡，變成員工工作運行的本能思考與快速分析，讓企業或運作者的效率倍增。

3. 人才決定了事業的現在與未來。如果你希望消費者快樂的話，就要找一些快樂的員工來帶動；如果你希望事業充滿偉大構想的話，那就得尋找積極有前瞻果敢意識的員工，這才是成功事業應重視的課題。

　　綜論，未來事業於社會中之發展，必將是「趨勢危機衍伸」管控的社會，管理已不再是管事業的產值，而是在核心策略改變下，避免事業危機的發生（預防），與危機發生後的處置（應變）。

（本文摘錄自中原大學商法學院期刊）

澳洲 cstm 趨勢危機法商策略談判事務所
執行長　王健驊

管理的持恆性──來自趨勢的需求

　　隨著企業全球化的腳步愈來愈快，緊跟著是問題與企業經濟秩序的全球化；未來企業面對的發展趨勢，不僅是企業本體生產市場的競爭，更是趨勢風險潛藏的危機所在。澳洲 cstm 趨勢危機管理台灣區執行長王健驊表示，強調創造與掌控商機的趨勢危機管理，也就在此一時空背景下蘊育而生，同時也是許多中小企業邁向國際市場的決勝關鍵。

　　日前舉行的世界貿易組織 WTO 部長會議破裂，而 WTO 是台灣唯一參加的政府間全球經貿組織，未來是否會對台灣更為不利！在世界貿易法第一屆亞太區域會議後，訪談到澳洲 cstm 趨勢危機管理策略談判國際事務所執行長王健驊，就其提出「趨勢危機管理」的精闢見解，或許可提供讀者另一思考的途徑（註／cstm：Crisis Solution Law & Business Tendency Strategy Management）。

　　在企業全球化的趨勢裡，緊跟著的即是問題的全球化。從關貿總協（GATT）到世界貿易組織（WTO），都是種比較利益下的概念基礎。但衍生到企業經濟秩序的全球化時，卻往往忽略了生態、文化、法律……等層面的思考與風險管理預判；也就是說，未來企業面對的發展趨勢，不僅是企業本體生產市場的競爭，也更是趨勢風險危機的潛在隱藏。這也意謂著純以法律為架構的訴訟程序，已無法再因應未來全球詭譎多變的企業環境；而企業推展下的國際商事法，在全球化的腳步下，業主如何因應與預防！

　　例如理律國際法律事務所李念祖大律師，在次訪中舉的實例：澳洲古克尼集團（Gutnick）與美國道瓊（Dow Jone）的法律訴訟案，古克尼認為：道瓊在美國發佈的報導，對他的事業是種傷害，於是在澳洲對道瓊提出了法律訴訟。但澳洲法院受理後，是用澳洲法律標準來判定這企業有無損害？還是用美國法律標準來判定？或用其它的標準呢？若用澳洲標準，會不會迫使美國基於在美國境內，消費者利益考量而聲援道瓊，進而造成國與國之間的外交經貿衝突、或抵制呢？或逼迫道瓊必需尋求最普及之傳媒輿論型態之法律訴訟，藉群眾輿論公平判決來做為判斷評定的標竿呢？結果並非是企業全球化單方面的思維，而是全盤性的影響與牽動，這正是趨勢危機商法談判，適時取代法律的保守呆板，也就是將對抗轉化成融合，管制衍生到合作的最佳危機處理模式與方向。

　　趨勢危機管理基本定義，簡單說，就是種發展的定位及經營策略的運用。也就是說，策略上不是要與眾不同、標新立異才是取勝；而是在企業體上，能符合市場的需求與需要的平行推展手段，而讓自己能立於不敗之地。當然，這最基本的就在企業體能否信任（放心），以求重塑市場基本需要，而應有的必然選擇。趨勢危機管理，並不是一門精奧的學問，更不是遠離現實的理論課程，而是為解決所處環境地位下，實際問題的一種應變方法與方向。趨勢管理包含了對事業體本身的體質、架構、目標、需求與需要，及在趨勢運行下的必然構思發展，和市場利基點的界定，及商品與服務的市場通路的定位、組合等。就好比電影劇本一樣，必須是要具有完整性，與具有思考步驟，和程序性的。趨勢危機管理的基本概念：

一、認清事業本體的最終目標在哪裡？

必須了解及掌握企業本身的需求及市場的需要，也就是在環境轉變的潮流裡，消費市場所期望和關聯性的需求是什麼。產品的研發與專利的擁有，不光是靠智慧與知識本位的努力就可以的，而是必須整合在發展策略與行銷通路的最終目的，以求能獲高利與持久永續的生存。也就是說，企業或事業主若只定位於研發創新上，那倒不如到任何一家有財力資源的企業去任職，專注在研發上，還能少了經營事業體所將有的壓力與責任。

二、掌握事業本體在趨勢上的成敗關鍵

必須剝離自己，而從消費市場（別人）的需求角度，去滿足他們的需要。一個企業或事業的成敗，往往都在關鍵決策的一瞬間。未來開創的運行中，都會有許多的挫折和失敗，但必須正視。一旦跌倒後，我們必須能夠馬上站起來，因為往往當我們受挫跌倒的那一刻，已離成功不遠了。

三、企業本體結構在管理上應有的策略區隔

沒有一個人是專業到無可取代，或全能的。我們必須瞭解到趨勢是在時空中，不斷銳變運行的。也就是產品、技術及市場，絕大部分是企業無法所主導的。與其耗時在研發技術，等待市場或等待事業成敗，不如從客戶需求群中找尋問題、找尋技術與通路的配

合。由趨勢做為事業本體發展的思考方向，如此才能讓公司的根基永續。國際貨幣基金會（IMF）在 2003 年上半年發表研究報告，將台灣與德國、日本、香港並列於通貨緊縮高度危險地區。而台灣企業目前所面臨的危機是什麼？政府經濟部與行政院主計處的消費物價指數年增率，也由 2000 年的 1.3 降到了 2003 年的 0.1，都已警訊地指出，長期性、全面性的物價下跌，民眾因預期心理而減少消費，進而影響了企業生產及銷售活動，也造成失業率的持續攀高，更使整體經濟已陷入持續衰退的情況。

趨勢危機管理如何協助解決台灣企業目前所面臨的危機？企業領導者與決策者一旦出手，就必須能有勝券在握的企業整合能力。我們必須體認到，在趨勢快速變動的外在環境裡，趨勢危機管理的價值就在創造與掌控商機。企業中高階層主管，普遍存在的問題是本位觀念、自主性強，只關心自己（職務、職掌）的勢力，而忽略了能為市場與客戶所創造的價值。例如日本汽車工業為何能輕易地打敗美國三大汽車製造商？就在於他們洞悉了，在趨勢演變下，價值是由市場客戶所界定的，並隨著時空的推展，必須以高品質低價位的產品，提供消費者的需要，才使其汽車工業能橫掃歐美市場，至今屹立不搖。

現在暢銷書《What Management》作者馬格瑞塔（Joan Magretta），提到管理理論叢林論，也就是現今許多有關管理階層產生「知道管理的重要及好處，但卻不知道如何著手改造與管理」的心境與窘境。而趨勢危機管理就是提供一個前瞻性與階段性的評估，結合可預判的實質及不可見的未來發展，將以整合在有貫連性與關聯性的行動裡。

在企業實際運作中，應重視的趨勢危機管理模式，就是分階段及區塊的整合預防，鎖訂目標的決策與快速是全集中在企業主

（Owner CEO 擁有者）掌握了主控權及時機的利基點。也就是說一個企業體的觀念轉變，牽動著整體公司上下的重新配合與運作是不容易的，但卻是必須的生存發展趨勢走向。例如竹科某以流程檢測軟體研發公司，在其事業本體上，是以研發為主體的智慧型事業體；但其若不能自我開拓市場通路，與掌握商品於市場的優勢，則必將被主體企業所控制，甚而被合併至泡沫；換句話說，產品的研發來自於市場的需要（主體企業所需求）。而此產品之擁有權，不僅在關鍵剎那間難以認定，也將在趨勢銳變的剎那間被取代。例如韓國 LG 家電，是種商品的品牌專利，但進入台灣市場不到二年光景，卻為通路體系，如燦坤、泰一、家樂福等通路商控管了市場價位，而失去了產品品牌的專利優勢。當時 LG 正逢週年慶，其韓國總經理專程來台參予慶祝活動，提出 42 吋電漿電視的批發價 14.9 萬促銷，但三天後，通路廠商燦坤率先發起 LG 電漿電視特賣價 9.9 萬促銷。這就是掌控市場通路的主體事業，強勢轉變了產品品牌專利的優勢，也印證了趨勢銳變中，品牌的專利不敵通路管銷的實際效應。

　　自趨勢危機管理的角度言，強調科技研發為主的台灣企業，未來在趨勢時空實際衝擊下應有的定位在那？我想事業體不應再視研發成果之商品為優勢的絕對。科技的研發製成，在時空的必然趨勢下，不會有絕對不墜無可取代的地位。也就是說，不再自擁於單一研發製程的驕傲裡，應保有觀察趨勢運轉下，可超越與取代的創新。例如現以 IC LVDS 晶片（用於顯示器及筆記型電腦的信號處理）設計為主體的旭展電子科技公司，其原以生產 SRAM 產品市佔率超過 40 ％，是台灣出貨量最多的業者。在半導體景氣暢旺年代，旭展電子科技公司設計完成當時一組能賣到 20 美元的

SRAM，卻因產能滿載無法如期出貨（趨勢未加掌控的風險預判）；等量產時，價格已跌到 1/4。在旭展電子科技公司決定 SRAM 退出市場時，價格更跌破到 2 美元。

現今企業僵化的組織管理及工作管理模式，已無法應付內在與外在的多變所需。而趨勢危機管理的精髓，就在於我們必須能深切地了解到，管理的永恆性，來自趨勢的需求上。也就是確保企業運行不中斷，分散掌控企業風險，倍增企業產品競爭力的前提下，讓企業能擺脫實質資源、時間、空間及預判外力干涉的能力，並大幅提昇與增加員工之工作效率。趨勢危機管理所追求的，不在於本身理論架構的如何完整，或其模式和制度是如何的嚴謹，而是在如何適應與順應外在環境條件的需求與需要上。也就是在事實與實際上的變化和效果，而不是理論和邏輯上的合不合理。

（本文摘錄自時報周刊訪談—趨勢危機管理策略談判論述）

澳洲 cstm 趨勢危機法商策略談判事務所
執行長　王健驊

黑暗中靜默的沉潛與省思

- 監獄品格教化之重建
- 假釋並非監獄之恩惠,而是國家律法之規範
- 這裡不是你的家
- 給孩子的一封信
- 實在的力量
- 放開雙手、懷抱希望

黑暗中靜默的沉潛與省思

監獄品格教化之重建

江捷中

"To education a person in the mind but not the morals is to education a menace to society！"美國總統羅斯福曾說，教育人的知識，而不教育人的品格，是為社會製造一個禍害。從而，監獄矯正教化若只禁錮束限受刑人表象的行為，而不教育受刑人的品格修為，那也只是在為社會製造一個更有犯罪經驗的禍害。

筆者今天以一個受刑人的親身感受和體驗，題陳內心深切之感懷！

這近十年來，台灣社會顯示出一股強烈的不安，和道德觀念價值完全被扭曲的現象。各種犯罪被泛族群與泛政治的合理化；而犯罪型態與手段更是多樣化的變新，令人驚嘆卻更為痛心！但我們靜心的去思索觀察，社會亂象的產生是社會道德的沉淪，和品格修為教育遭到漠視，以及社會整體的價值觀遭到扭曲，以及政客不道德的操弄！

人之所以犯罪觸法最大的原因，就在價值觀的錯亂；而現今社會沒有建立一致性的價值規範，造成社會公平正義不彰，自律中道

17

價值無法建立，是非善惡難以明辨；自大倨傲、利益享受與追求的思維，導致社會秩序貪婪腐敗，道德淪喪；因之，重視受刑人品格教育的重修塑建，才應是監獄矯正教化，刑罰矯治的首要，期能賦予受刑人營造個互助合諧的社會。

一、重建受刑人之尊嚴與羞恥心

就獄政管理政策言，應必須以品格教育為矯正教化之重點，作為受刑人服刑考核處遇積分之評定方向。更明確的說，今天的品格教育和過去學校的教育不同；學校品格教育著重在個人私德的培孕，而監所品格教育，除了私德外更重要的應著重在公德心的培養，以及服務人群的胸懷培育。法治觀念之樹立，即在藉紀律之維持為彰顯；而紀律之維持則應由外而內為實質之表現，進而樹立受刑人之法治觀念為根本。故重建受刑人應有之人性尊嚴，以矯正其行為觀念之偏差；人性自尊的內涵就在羞恥心（一如血液循環於人之全身）；人性自尊則藉尊重來維護，因之，一旦人的自尊與尊嚴受到羞辱，甚或為撕裂後，自然沒有自尊維護的心境，而不再為羞恥心感到不安，當然也就無所羞恥下產生行為之偏差，及報復之心境。故，重建受刑人之自尊，給予其基本應有之尊重，培養其自信，建立相互尊重之社群觀念，方為刑罰矯正之根本。

二、刑罰矯正整合管理模式之建立

刑罰之立義及本旨，即在矯正與教化犯罪行為人，使其能真切的懺悔，並走向正途為目的。刑法就犯罪行為人之行為，科

以適切之刑罰以為懲戒，但其未因之剝奪應受憲法基本人權該有之維護與保障；更非以報復是或悖離基本人權為刑罰矯正之手段，應是以健全之獄政管理觀念為根本，而以使受刑人能回歸社群為目標。故不應再是傳統習慣的延續，也不應再是過去經驗的交接承襲，因此，獄政管理應以回歸法律為基礎架構，建立與運用策略整合式之目標管理觀念，並結合資源與信息之脈動，以達到矯正與教化實質功效之發揮。現今社會的特徵，是變遷的疾速與多樣化伴隨著人情淡薄，精神退化，人性越來越現實化的追求；金錢的價值越來越高，道德的價值則相對的被漠視。在金錢利益掛帥下，往往把金錢利益與品格價值畫上等號，乃至於笑貧不笑娼，在講求物質享受與追求下，淹沒了人格、關懷與尊重的應有基本價值。其實，獄政管理刑罰矯正的改革，應把獄政管理的政策，平衡地分二個方向去努力；一是關乎刑滿出獄就業的「技能」培育（訓），一是關乎於為人處世的「品格」教化的再修習。

三、培養與重建回歸社群之自我期許

根絕由受刑人管理受刑人之不當陋習，回歸於法治制度，由監管理人員為矯正受刑人行為與事務之管理，受刑人一旦存有管理之權力，必然衍生出行為與觀念之偏差，及私黨與私利之運生的弊端（如以大欺小，倚強欺弱，結黨附合……），如同社會犯罪行為模式之複製故應摒棄累犯或刑期長之受刑人為舍房之值星，而以輪值方式賦予其主動與服務之熱忱，矯正人生價值之期許，作為矯正管理之最終目的。

　　人生該怎麼走，每個人的路都不一樣，而態度及觀念也會影響未來；人生又怎可能無憂煩人的事，我們一定會遇到許多不知曉的挫折所帶來的惶恐和焦慮，但是不要害怕，也不能逃避，張大眼睛仔細觀察，用心去化解煩憂，有人一面對困苦，從中破繭而出，並將其轉變成再出發的力量，重生就像路上的一顆大石頭；如果硬碰硬會受傷，那就繞遠路沒關係，而且一定要堅持下去，記得在獄中的惕勵及自我的修為，人之異於其他，即在人有慚愧心，「慚」是對不起人，「愧」是對不起自己良心，亦即對所做的行為感到羞恥與不安，有慚愧心者，會尊重自己，尊重社會的法制公義，這是道德的向上心，能消除煩惱眾惡的功力。

（筆者現服刑於台灣台南監獄）

假釋並非監獄之恩惠
而是國家律法之規範

徐偉修

　　我不是冬瓜標（顏清標），自然沒有立法委員的權勢及光環，能在「法定程序」下獲得假釋。我也不是余文，當然更不會有機會能因現任總統於市長任內所涉貪污被訴案，而能獲得「主動依法」為假釋之提報！

　　前些時日媒體報刊接續在暢談人權自由乃普世追求的價值下，抱著丁點的希望，寫出全國三十六所監獄、看守所中，受刑人內心對司法及獄政管理的無奈與無助！僅祈望法務部於全力關注「人權保障與維護」議題之同時，及各方殷切期待司法獄政改革之際，也能稍微分出一點點的心力，關注下監獄及看守所中的受刑人，在人權法治」，應有的「基本人權」之維護及保障。

　　政府如同嚴父，司法則如猛虎；真的是所謂的虎毒不食子嗎？或許不然！只要是人，在生命成長的歲月歷程中，都難免會有不經意犯錯，或迷失方向的時候；而執司國家司法與獄政管理的政府，就如同嚴父般的對犯了過錯的孩子，適切的給予嚴厲之責罰；但在責罰中，卻是有著期勉的教誨和慈愛的關懷，更是有著心痛的不捨（所謂打在兒身痛在娘心），更應是沒有一絲一毫報復或報應的心態。然而靜觀現行之司法審理與獄政之管理，卻有著毫無約束與節

制「自我權利的擴張和濫用」；更有著種似乎「報應式報復」的心態；竟看不到，更感受不到一絲一毫的寬容，與矯正教化的感覺，反應出的卻是種虎毒更食子的報復心態！

就拿最近的案例來說，一個剛踏入社會的年輕人，因遺失了證件遭冒用開戶，而涉嫌成了詐騙集團的共犯，遭司法之追訴而判刑入監。但反觀去年亞歷山大健身中心涉嫌詐欺之犯罪，其於惡意倒閉前擴大招攬會員，詐取高達數億元之會員費，受害人更達數千人之詐欺犯罪，卻僅判其二年之有期徒刑，更予緩刑五年而不用入監服刑之判決，實是「竊鉤者誅，竊國者侯」的最新註腳，司法公義究為何在？真的坐實了特權操控司法的訴言，也更彰顯了握有操控人民生死大權的司法人員，其假自由心證法定權力下之傲慢，與自由心證權力之濫用。

復觀，犯有過錯的受刑人，在接受國家司法判決入監服刑後，在其應承擔國法量刑制裁下，有的服刑了十年以上，有的服刑了近十年；然而在其已符合國家法定假釋之條件下，卻為獄政管理機關擅權為剔除，或不為法定應為假釋之陳報；此擅權與限縮解釋法律條文之惡行，實顯於國家司法程序判決後，另為違法侷束人身自由的一種私刑存在！在這種假國家公器（獄管劣習）濫權違法的執刑，職司獄政管理之法務部，及高舉人權維護大旗的法務部高官，竟仍視若罔聞，間接縱容所屬私刑之氾濫，實令人為之感歎「基本人權」與「司法公義」在職司刑罰公務員之同理心下，竟如此的蕩然無存；難怪中天新聞、自由時報、蘋果日報等民調，顯示全國 79 %之人民對國家司法之公信力，已完全失去信賴了！

　　綜觀，全世界法治國家（連共產國家亦然），就刑罰之目的均旨在矯正向上；而刑罰假釋之制度，則是為鼓勵受刑人改悔向上。究，刑罰與假釋之立意與其立法精神，都是在以矯正教化受刑人向上為宗旨，而非為報應式之報復為目的，更非為國家司法判決後另種私刑之執行，怎不讓人深感痛心與冤憤難抑呢？

　　就現行國家法律對初犯者給予其自新假釋之要件，業經立法為國家法律所明定！

1. 按刑法第 77 條與監獄行刑法第 81 條，對「假釋條件」之明定，受徒刑之執行而有悛悔實據者；無期徒刑執行逾 25 年、有期徒刑執行逾 1/2、累犯逾 2/3；並於服刑期間累進處遇進至第二級者，「由」監獄報請法務部，經假釋審議委員會審議後，得許假釋出獄。故，究 95 年 07 月 01 日公佈施行之刑法修正條文中，明確律定就初犯不得假釋者，僅有該條文第一項「服刑須滿六個月」但書之規定。

2. 究，於憲法對民之人身自由權利第 8 條與 23 條明定，應予保障，並不得以法律為限制。故就法令、法規不得牴觸法律，更不得悖離憲法之規定言，刑罰執行機關不得以不牴觸法律為已足，必須為依法行刑之原則，方符憲法基本人權應有之保障。然，現行法務部及各監、所在獄政管理上，卻以擁有假釋之權利而傲慢，輕忽受刑人基本人權應有之保障與維護；更專擅濫權為國家司法判決後另為私刑之執行；立法院諸公及監察院大人們，卻不為聞問，致使國家司法之公義與公信力盪然無存！

　　就法律衡平原則之要義，執行機關就該管程序之執行，應於當事人有利或不利之情形，一律為注意；亦即比附援引刑事訴訟法第

2 條客觀性義務所明定，實施刑事訴訟程序之公務員，就該管案件應於被告有利及不利情形，一律注意。故就刑罰執行機關其裁量之界限，不得逾越法定之裁量範圍，此亦即法治國家家依法行政之基本原則；換言之，行政行為應受憲法及一般法律之拘束，以符法律之明確性，及人民對公務機關應具誠實信用，與信賴保護之原則。

司法改革並沒有特效藥，也不需要花俏與喝采；司法改革更沒有英雄，只賴於遠見及堅持。而基本人權之維護與保障則賴於維護司法之正常程序，司法能正常進行，則賴於行政權能尊重司法權。

憲法第 16 條明定，人民有請願、訴願及訴訟之權；並準刑事訴訟法第 240 條權利告發之規定，亦即不問任何人知有犯罪嫌疑者，得為告發；復依監獄行刑法第 6 條申訴之規定，就受刑人已符合刑法假釋聲請之要件，卻不為監獄依法為呈報於法務部審核之情事，筆者呼籲所有監、所受刑人，基於憲法基本人權之維護與保障，並依刑訴法及權衡理論之法義，應勇於為自身權益提出刑事之告訴或告發，並勇於撰文揭發獄政管理之違法於媒體，以維護受刑人應有之權利與權益。

（筆者現服刑於台灣花蓮監獄）

這裡不是你的家

指揮官（外號）

　　這裡不是你的家……，大家別誤會了，這不是羅大佑在唱的鹿港小鎮，而是受刑人由台北監獄移來花蓮監獄後，許多北監受刑人對陌生監獄的惶恐和不安下，花監新收舍房主管對所有新收受刑人教誨時說的一段話：各位同學，你們必須認清楚，「這裡不是你的家」！你們真正的家不在這裡，是在外邊——是在你們犯罪服刑後，仍寄錢給你們；在你們犯罪後仍不斷寫信和來探監，一直關心著你們，它從不曾放棄你們的家人那，那裡才是你們真正的家……！在主管鏗鏘有力嚴肅神情的訓誨中，卻讓新收受刑人感受到種無限的關懷，頓時讓原有的惶恐和不安的心緒，立刻獲得了平靜；也讓受刑人驚覺到監獄禁錮的雖是我們身體的自由，但因為刑罰真正拘束的卻是我們對家人的思念，和內心深處的自責與愧咎！霎那間我突然領悟到了，該如何面對與坦然的接受這九個月的監獄生活！

　　受刑人曾為高階校級戰鬥群指揮官，後於國內外研修法律及從事法務工作（並兼任論壇報專評特約記者）。惟因錯置法律之認識而誤觸律法致入監服刑。相信每位新收受刑人在入監服刑時，都和我一樣對監獄的管理和受刑人間的生活，無不抱持著莫名的恐懼和焦慮不安的心境（或許電影、電視及外邊對監獄繪聲繪影

的描述）。但入監後實際的體會到，監所幹部對受刑人的教誨和關懷，及理性的管理；以及受刑人間相互的尊重，和協助監獄生活的調適等，才發現獄政管理的興革進步，及刑罰矯正導善的具體目的。

在這二個多月的服刑生活中，受刑人分別在台北監獄及花蓮監獄接受了新收教化考核（註）；就自己如何調整心境去適應監獄的生活，和在獄中如何與獄友的生活相處，寫出內心真切的體認，藉以給所有在監新收的初犯甚或累犯作一參考，以期幫助所有新收受刑人能盡快的調適心緒，坦然的面對刑罰服刑，早日平安的刑滿出獄，能勵新自律的重新再踏入社會。

1. 培養靜默沉潛的心緒，坦然的正視監獄生活。今天我們既然必須承當服刑的監獄生活，就應用開闊和接納的心去面對，或許比自怨自艾或憤怨排斥的心境，反而來的更為真實與踏實。因之，我們必須認清，我們的性格影響態度，我們的態度影響我們的心緒，而我們的心緒則直接影響到我們的真實生活。所以調整自己遠比改變這個現實要來的容易多了，先完全放掉過去的一切生活習性，徹底拋開過去一切的優越感和自視，所有都由一個新人開始。

2. 認清監獄生活其實就是種團體生活；而團體生活最大的衝擊就在成員間的不和，以致發生獄友間的紛爭或衝突。因而，我們若能發自內心的誠意和謙卑，以及用主動熱忱的態度面對監獄生活，就是最有效融入監獄團體的生活方法。新收舍房主管常告誡我們說：哪個舍房若有同學無法相處，馬上報告，主管立刻幫你調房；但你們必須想想，同是服刑的受刑人，為什麼都要別人來迎合你，你為什麼不能去適應別人

呢？！切記，所有團體生活中的不快樂，大都來自自己忘了身處何境？更忘了我們現在扮演的是服刑人的角色；是在學習及重修社群中相互尊重的課程，和重建自律的自我要求。我們之所以會誤觸律法，正因為我們忽視對社群公法的尊重，和自己對自律的約束。

3. 體悟在監獄或任何社群中，你必須要能先去認同別人，才能獲得別人對你的認同，因此，凡是用同理心去對待，可以使我們更容易得到友誼和協助。若只站在自己利益或自身立足點去想，不但失去獄友的扶助，在監獄生活本就侷限禁錮的環境中，將更為孤寂與難熬了──記得有天我在抹地時，一位年輕的受刑人說：驊哥你五十多了又是碩士，你不要抹地讓我們來就好，我邊抹著地邊笑著回答他，在換上監獄制服的同時，我和你們一樣都是受刑人了；那我們一起抹地板好了；從那天起我們舍房獄友間的相處，就從不分彼此了，更相互扶助的一團融洽；這就是放下過去，認同尊重別人。

4. 重新設定和規劃自己的時間目標，這樣時間會過的較快，生活也更較充實而不虛寂。我常藉給孩子寫信來抒解與調適心緒的平靜；當寫出心裡的感受後不論抒發了沒，自然就獲得了空間侷束下的紓壓和煩躁心緒的釋放。有時我會將獄友一念之間（因誘惑、好奇、逞強或鬥氣）而觸法的真實案例告訴孩子，述說著獄友發自內心的懊悔，和對家人的自責和內疚；它在潛移默化中不僅在培養還建立法紀觀念，更是對自我言行的種惕勵。受刑人行筆至此，主要是藉自己由新受刑人更換不同監所的生活體驗，提供給各監所中新收受刑人做參考，期望他們盡快的調整（調適）自己的心境，能儘早面

對服刑這不可避免的事實，更希望新收受行人能平安的盡快服完刑期出獄！誠如花監新收舍房主管教誨時說的：「這裡不是你的家」。我們應該頓悟，我們的家是在外面，在我們犯罪後，仍不斷關心，不放棄我們的親人那裡才是我們真正的家！

註：移監係獄政管理中，各監所紓解受刑人量的種必要措施。筆者即在此狀況下由北監移監於花蓮監獄。

（筆者曾服刑於台灣花蓮監獄）

給孩子的一封信

楊雲龍

　　舍房擴音器又傳出嚴肅大聲的訓示：「把心靜下來……你們如過犯了獄中規則，真正難過的是你的家人……」，這淺顯的話語平時我們並不在意，但在監獄舍房中聽到，卻有種關心的期待！義舍正班主管中午對舍房受刑人訓誡時說：在監獄都是來自不同地方的受刑人，大家既關在一起，要抱持幫助人的心去相處，你們必須記住，和你對話的人其實反映出來的就是你的一面反射鏡子，如果你怒目對待不屑以視，試想你又想得到什麼好的回應或好的對待呢？所以你們要記住，把牆當面鏡子，當你要面對人時先看看鏡中的自己，要散發什麼樣的信息？想得到什麼樣的因應？你就會知道如何與別人相處了；在這，我們能幫助別人的地方，我們就該多幫助人！

　　兒子，寫這備忘錄給你，基於三個原因：1.人生禍福無常，誰也不知可以活多久，有些事情還是早一點說好。2.我是你的父親，我不跟你說，沒有人會跟你說。3.這備忘錄裡記載的，都是我經過慘痛失敗得回來的體驗，可以為你的成長，省走不少冤枉路。以下，是你在人生中要好好記住的事：

　　1. 對你不好的人，你不要太介懷，在你一生中，沒有人有義務要對你好，除了我和你媽媽。至於那些對你好的人，你除了

　　要珍惜、感恩外，也請多防備一點，因為，每個人做每件事，
　　總有一個原因，他對你好，未必真的因為喜歡你，請必須搞
　　清楚，而不必太快將對方看作「真朋友」。

2. 沒有人是不可代替，沒有東西是必須擁有。看透了這一點，
　　將來你身邊的人不再要你，或你失去了世間上最愛的一切
　　時，更能明白，這並不是什麼大不了的事。

3. 生命是短暫的，今日你還在浪費著歲月，明日會發現年輕歲
　　月已悄悄遠離你了。因此，越早珍惜生命，你享受生命的日
　　子也越多，與其盼望長壽，到不如早點享受。

4. 世上並沒有「最愛」這回事，愛情只是一種霎時的感覺，而
　　這感覺絕對會隨時日、心境而感變。如果你的所謂最愛離開
　　你，請耐心的等待一下，讓時日慢慢沖洗，讓心靈慢慢沉澱，
　　你的苦就會慢慢淨化。不要過分憧憬愛情的美，不要過分誇
　　大失戀的悲。

5. 我買了十多年的六合彩。還是一窮二白，連三獎也沒有中
　　過，這證明了人要發達，還是要努力工作才可以，世上並沒
　　有免費的午餐。雖然，很多成功的人士都沒有受過很多教
　　育，但並不等於不用功讀書，就一定可以成功。你學到的知
　　識，就是你所擁有的武器。人，可以白手興家，但不可以手
　　無寸鐵，謹記！

6. 我不會要求你供養我下半輩子，同樣的，我也不會供養你的
　　下半輩子，當你長大到可以獨立的時候，我的責任已經完結。
　　以後你要坐巴士還是賓士，吃魚翅還是粉絲，都要自己負責。

7. 你可以要求自己守信，但不能要求別人守信，你可以要求自
　　己對別人好，但不能期待別人對你好。你怎麼對人，並不代

表人家就會怎樣對你，如果看不透這一點，你只會徒添不必要的煩惱。最後爸要說的是，親人只有一次的緣分，無論這輩子我和你會相處多久，都請好好珍惜共聚的時光，下輩子，無論愛與不愛，都不會再見了。

　　　　　　　　　　　　　　　　筆者現羈押於花蓮看守所

實在的力量

電視節目主持人　陳文茜小姐

　　企業家出傳記不算特別，但台達電董事長鄭崇華先生最近出版書籍，高希均稱他為台灣最被低估的企業家；我則高度推薦每一位讀者閱讀。不為財經知識，不為綠色夢想；或許也並不為你自己，就為教導你的下一代。

　　如果《大江大海》或《巨河流》曾深深地感動你，這裡有一本活生生 1949 故事集。主人翁鄭崇華目前是全台綠色標竿企業台達電的董事長，但 1949 時他只有 13 歲，而且毫無準備地如孤兒般被迫隻身流亡至台灣。

　　鄭崇華追憶他孤獨的成長歲月，沒有一個「恨」，也沒有一個「怨」字。為他撰寫傳記的《哈佛商評》總編輯張玉文，把一切不凡歸諸一個簡單標題「流離中鍛鍊心志」。鄭崇華本為福建建甌人，父親是中醫師，外祖父是福建水吉首富木材商。為了二次大戰避難，他和媽媽住在外祖父家躲空襲，過了人生最快樂的童年。外祖父以誠信身教，父親懸壺濟世，母親教他好好念書。

　　年少時刻，鄭崇華已有著擋不住公益之心。國共內戰期間他目睹國民黨軍隊如何擾民，抓兵過程待新兵如囚犯，逃兵則活活打到死；軍團軍官貪污，人命在他們手中有若草芥，軍隊強占民

宅擠大廳，阿兵哥們則吃喝拉撒全窩在一區，活在非人境界。熬不過，死了，屍體也就棄置一旁。1949 不只是一場大遷徙，它是無數災難之點連成的時代，一幕幕在鄭崇華眼前走過。現代的孩子們，若想追憶那個殘忍的年代，目前海地的狀態，大概是最好的類比。

1948 年 9 月人心惶惶，水吉學校停課了，鄭崇華才剛 12 歲；母親為了不讓他中斷學業，請三舅帶著他到福州就學；沒想到了福州，課也停了，而共軍已佔領家鄉，人竟回不去了，只好跟著三舅一路過海到了台灣。這一別，即成永別；鄭崇華再見深愛的父母，已是 35 年後。他一生永難忘卻的是母親送他搭船至福州上學那一天，船啟程了，媽媽捨不得他走，沿著河岸追著船跑。這是鄭崇華回憶流亡歲月時，唯一一次提到「流淚」兩個字。

到了台灣就讀台中一中，三舅找了別的工作又走了，留下他孤伶伶一個人，就靠從未謀面的二舅接濟長大。從此一個 13 歲的孩子以校為家，最快樂的時刻是坐在操場上看星星月亮，想天文宇宙，更想家人；爸媽還好嗎？也在看同一個月亮，想念著他嗎？無情荒地有晴天，同情鄭崇華的師長，也會拉他一把。每當老師伙食團裡有人缺席，就趕緊叫鄭崇華來打牙祭補位。

或許鄭崇華的悲劇只是那一個大時代中的一小段落；但特別的是他面對這一切的態度──沒有恨，沒有怨，沒有大哭，只有感恩與更多的努力。態度決定鄭崇華的高度，也使一個 13 歲的孤兒最終成了市價 53 億美元且全球 88 個營運據點的大實業家。他一生將多數的時間花在苦讀、學習、工作、超越；與家人相聚雖僅短短 12 年，但外祖父與父母的身教成了他一生最寶貴的資產，誠信實在，一步一腳印實實在在創業。

　　1959 年鄭崇華沒錢留學，甚至也沒錢結婚，當他的岳母要他訂婚時，他還嚇的想逃婚。但一步一步，1971 年他創辦台達電，1976 年營業額首度破百萬美元，2008 年連續兩年《富比士》雜誌評選台達電為「Asia's Fabulous 50」。

　　鄭崇華的人品不僅表現在 2005 年蓋出第一座綠色廠房，更表現於一件小事。李國鼎對台灣科技經濟貢獻造福台灣整整三代，但拿出股票資金成立「李國鼎基金會」懷念他並拍攝紀錄片的是鄭崇華。鄭崇華苦過，不以怨，只以感恩報答造福國家的人。

　　閱讀傳記後，我曾當面問他，「你從不怨？不哭嗎？」他回答：「怨有什麼用？人連下一頓飯都不知在哪裡，怨能幫助什麼？」說這話時，鄭董事長口氣還帶著微笑。

（本文摘錄自 99 年 1 月 23 日蘋果日報）

放開雙手、懷抱希望

江捷中

在讀完林敏玉小姐的《希望之心》著作後，讓身處禁錮服刑中的我深切的體悟出，最可貴的人生就是始終能夠對未來懷抱希望的人生，朝著自己的夢想與目標不斷前進的人生。

> 握緊拳頭的話，你只能對抗這個世界：
> 張開雙手的話，你就可以擁抱全世界。

在這個世界上，有一種「失去」叫擁有，有一種「倒下」叫站立。在生命歲月的歷程中，不管遇到什麼打擊或著坎坷，只要堅強，你就能夠創造生命的奇蹟。立志作家戴晨志說：「握緊拳頭時，好像抓住了許多東西，其實連空氣都沒抓到；張開雙臂時，好像雙手空空，但全世界就都在你手心！」因之，有時候，我們的執著其實是固執，張開雙手會讓你重新獲得，並且得到更多。其實，生與死、好與壞的距離，只在張開雙手的瞬間。

一個懷抱希望人生的人，必然懂得放開雙手與過去和睦相處；同時，也必然懂得積極的生活，將目光對準現在，並對未來抱持希望。這樣的人，明白擺脫怒氣、貪婪、罪咎、嫉妒與報復念頭的重要性；也因為擁有成熟的心智，因此能夠將滿足的事情暫拋一旁，將目光由「權利」轉移到「責任」上。

　　什麼是「希望」的人生呢？希望的人生不代表全然的樂觀或悲觀，正如真實的人生，不會永是令人振奮高潮，也不會永是低潮。誠如吉格‧金克拉（Zig Ziglar）所說：「以寬恕之心向後看；以希望之心向前看；以同情之心向下看；以感恩之心向上看！」

　　這紛亂不已的社會中，我們已被訓練成「自我防衛」的心理，不時小心翼翼地防著，人際之間的關係逐漸淡泊了，爾虞我詐的事件增多了；於是，我們習慣於不顧一切的伸手爭取，在不知不覺中，手便越握越緊。但我們是不是忘了，手上的空間是有限的？更因為你緊握著雙手，不論別人要給你些什麼，都會從你的雙手滑落。

　　懷抱希望人生的人，懂得放開雙手、積極生活；願意以謙遜代替粗魯，和顏面對怨怒，以慷慨面對需索，願意愛不可愛的人，幫助無助的人，鼓勵喪失勇氣的人；願意與對手結為朋友，並向對方學習。懷抱希望人生的人，不僅能夠寬恕自己與別人的過失，同時也懂得感恩與滿足；同時也是你最願意結交、學習、信賴，以及萌生「有為者亦若是」的對象。

　　懷抱希望人生的人，懂得放開雙手、積極生活；能夠不汲汲於與別人比較，而只與自己比較。能以不斷自我充實的方式，找出自己與生俱來的體能、心智、精神力量，以不斷地發揚光大的方式，在自己的生活裡全力以赴。更能藉著發揮自我最大的能力來表達個人的理想主義，不僅成就自己，也造福他人。

　　懷抱希望人生的人，懂得放開雙手、積極生活；或許並不是人群中最搶眼的人，但肯定是最不會為自己、他人設限，最能夠「不虛此生」的人。

（作者曾服刑於台灣花蓮監獄）

監獄服刑實務概論

- 入監服刑基本認識
- 監、所舍房與工廠簡介
- 編級與累進處遇
- 接見（會客）與通信
- 假釋及縮短刑期
- 監所生活之細節
- 收容人各式「報告」撰寫範例

監獄服刑實務概論

入監服刑基本認識

本章節係依據刑法、刑事訴訟法、監獄行刑法,及行刑累進處遇條例等相關法律、法規摘錄;並援引台北監獄及花蓮監獄受刑人手冊,和既有獄舍設施所彙編。本章節旨在提供即將面對刑罰執行之受刑人,能儘早了解到監獄之設施與行政之管理;及在入監服刑期間,應恪守之本分(義務)與得享之權利,進而對徒刑之執行(服刑),有一正確之基本認識

監獄是徒刑執行之處所。每位即將面對入監服刑之人,必定在入監前是心情紊亂、複雜的;更在許多繪聲繪影傳言下,心境其實是惶惑和不安的;抑或在入監服刑前有種不知所措,無所適從之恐慌和煩躁!故,藉本章節之概述希望讓即將入監服刑者,對將於監獄、看守所服刑時,能有一基本之認識與了解,以期為自我心境之調整,得以坦然之心情面對即將接受之刑罰矯正(亦即坦然入監服刑),以祈平安順利的服完刑期,儘早重新再踏入社會!

一、入監報到應備整之文件

1. 入監報到時，務必攜帶個人之身分證正本，及檢察官開立之入監執行通知書，依指定之地檢署報到。

2. 於地檢署報到服刑時，可將入監欲穿著之衣褲日常生活用品，及欲閱讀之書籍一併攜帶前往（書籍不可超過三本）。

二、入監服刑應準備事項

1. 受刑人應先自行購備：白色內衣（短袖或長袖圓領）及四角內褲（花色簡單樸素為宜）各3～4件，於入監服刑後分別於舍房生活區，及工場作業區換穿使用。

2. 藍色素面毛巾2～3條，牙刷、牙膏、沐浴、洗髮乳，及藍白塑膠拖鞋一雙（平面或夾腳均可），服刑全期之生活不論於舍房或工場，均一律為穿著拖鞋。

3. 入監後寫信之文具，如標準信封、信紙、筆等均可先行購置，報到時一併攜入（原子筆須為透明筆管，郵票先貼於信封較方便）。

4. 入監報到時，身上穿著之衣褲、皮鞋簡單為宜。報到時勿攜帶貴重物品及飾品（服刑全程內不可攜帶手錶、項鍊或戒指等）。

5. 若有近視或老花眼者，其材質以普通黑色為宜（材質高貴、花色豔麗較不宜）；服刑期間更禁配戴隱形眼鏡。

三、入監報到後之事項

1. 入監報到之當日或次日，宜由親友至監獄或看守所會客室合作社，直接代為採購下列物品；如：草蓆、墊被、涼（棉）被、枕頭等生活必需品，監所當日或次日便可直接予受刑人使用（若於入監後於舍房採購，恐將耗時約 1～2 週後方為取得）。

2. 入監報到後則依監獄之作業流程，領取及更換監獄之囚服（夏、冬季衣褲各二套及夾克一件）；期間含裸身之驗身、驗尿、十指手印蓋模、個人資料填寫等一切制式之流程。

四、特殊個人藥品之攜帶

若需攜帶特殊個人藥品，應附醫師之處方；若有健康上之疾病，則需有醫院開立之診斷證明（正本一份，最好 copy 二份，舍房及工場備用）。

五、入監現金保管

入監報到時所攜之現金，均於驗身時點收後由監所代為保管，並開立收據（該款有一存摺即獄中簡稱之錢卡）。於服刑期間均無現金之流通，而以填寫購務之三聯單作為購買物品給付之憑證。每月生活支出概約 800～1000 元間（包含個人日用品、零食、香煙，及舍房公共日用品、零食分擔款等）。

監、所舍房與工廠簡介

　　監獄及看守所服刑人舍房，一般空間約計 1～3.5 坪大小，挑高約一般正常高度再多加 1/2；監、所舍房一般均容納約 7～8 位受（服）刑人居住，故較顯為擁擠。

１、封口：①

　　亦即俗稱之「狗洞」，約 30×18cm 大小；為每日三餐及一般物品收、送之出入口。

２、監視孔：②③

　　為監獄管理人員監看舍房內情狀之監視孔；位於舍房門之正中間上方處，大小約 6×20cm 大小。

３、蓄水區及廁所：④⑤

　　一般放置 2 個小水桶，裝滿水後移至蓄水區水桶內（該區放有一個約 30×40cm 大水桶裝水），以供受刑人上廁所時沖水，及洗澡、洗碗、洗衣時使用。

４、舍房牆面：⑥

　　為受刑人於洗完澡後，內、衣褲掛曬之處。

５、置物櫃：⑦

　　放置受刑人公發獄服，及舍房服刑人碗、盤用。

6、空氣窗：⑧

位於舍房正後方，約 120×80cm 大小；裝設有二層鐵杆，及按裝一具抽風機。

7、水泥地板面：⑨

受刑人於舍房一切活動（吃、坐、睡），均於水泥地面；該水泥地面鋪貼有柚木皮式塑膠布（看似美觀，但仍冰冷、堅硬）。

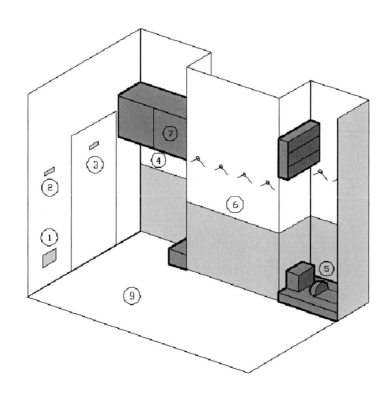

圖 3-1　監獄新收舍房空間簡介

◎舍房使用簡介

監獄及看守所舍房，受刑人於工廠收封後，均回到工場舍房生活與睡覺。工場舍房一般均收容 15～18 名受刑人，常因超收受刑人，故造成睡覺時，區分前、後二排頭腳交叉併排方式睡覺。人多時更於二排中央左右各橫睡一名受刑人，此即俗稱之中山北路或中山南路。

1. 每位受刑人睡覺使用之空間約 60×180cm 大小，面積約一個草蓆之大小（監獄草蓆較狹小，民間草蓆則約 90×210cm）。

2. 睡覺時均先鋪草蓆、墊被、棉（涼）被方式；但大多受刑人均使用二張草席及二張墊被，以阻絕水泥地面之冰冷與堅硬（監獄之墊被使用約 2～3 週後，即變扁平缺乏彈性）。

3. 睡覺時除非不得已，受刑人大都不於睡覺時上廁所（空間有限，人多通風不佳），且起身後較易碰觸左右受刑人，影響其睡眠，更常為受刑人間爭端發生之原因。

4. 非睡覺時，受刑人將棉墊被以草蓆捲包，統一堆放於舍房一角（一般均為廁所正面牆角）。

5. 舍房於休息時，禁止受刑人站立與走動，均要求靠牆坐於地面（聊天或沉思），更嚴禁於舍房運動（伏地挺身等）。於教化課程時，受刑人面牆而坐，雙腿盤坐，挺腰靜思。

6. 於舍房開餐食，大致均區分為二組用餐（每組約 7～8 名）；均以塑膠布或報紙鋪於地面代表餐桌，圍蹲於四周用餐。

7. 於舍房中，牙膏、衛生紙、沐浴乳、洗髮乳，均由舍房公百（公共日用品）負責提供，以減少每位受刑人日常用品之擺放空間。

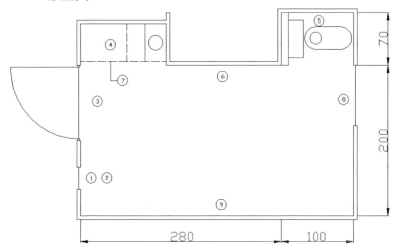

圖 3-2　新收舍房空間之使用

◎工廠設施簡介

1、監控台：

　　為監所工廠主管兼管受刑人之處所；一般約二階梯之高度，以利扶助所有受刑人工作之情況。

2、換證櫃：

　　受刑人於上廁所或抽菸時，均須至此櫃以本人之識別證更換廁所牌，才可離開工作台至廁所區抽菸或上廁所。

3、洗澡區：

　　受刑人洗澡及洗衣之處（一般工場大都依工作組別為區分輪流洗澡，以紓解擁擠）。

4、廁所區：

　　約有 8～10 個蹲式廁所，受刑人上廁所時以水桶至水池裝水提至廁所處，邊上廁所邊沖水方式。

5、吸煙區：

　　即指廁所區之走道，受刑人抽菸必須先於換證櫃換證後，始可至該區抽菸（午、晚餐後 30 分鐘可不需換證於此處抽菸）。

6、工作區（台）：

工作區依工場大小約區分 4～6 組，每組約 30～50 位受刑人；每組再分為 4～6 桌（即工作台），以為工作及午、晚餐之管理（吃飯時即以桌為受刑人之管理）。

7、文書雜役區：

為該工場行政文書或同學事務之公差（雜役均由主管於受刑人中挑選派任）。

8、休息區：

為工場中午休息時，受刑人打乒乓球或每月理髮時之使用。

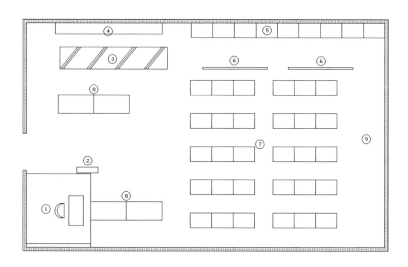

圖 3-3　監獄工廠作業區空間簡介

編級與累進處遇

凡宣告刑或合併應執行刑,刑期在六個月以上者(除不適於編級者外),均依有關規定為編級。而依行刑累進處遇條例之規定,累進處遇分為四級,亦即依序漸進為處遇。

編級受刑人累進處遇責任分數表

類別	刑名及刑期	第一級	第二級	第三級	第四級
01	有期徒刑六月以上,一年六月未滿	36 分	30 分	24 分	18 分
02	有期徒刑一年六月,以上三年未滿	60 分	48 分	36 分	24 分
03	有期徒刑三年以上,六年未滿	144 分	108 分	72 分	36 分
04	有期徒刑六年以上,九年未滿	180 分	144 分	108 分	72 分
05	有期徒刑九年以上,十二年未滿	216 分	180 分	144 分	108 分
06	有期徒刑十二年以上,十五年未滿	252 分	216 分	180 分	144 分
07	有期徒刑十五年以上,十八年未滿	288 分	252 分	216 分	180 分
08	有期徒刑十八年以上,廿一年未滿	324 分	288 分	252 分	216 分
09	有期徒刑廿一年以上,廿四年未滿	360 分	324 分	288 分	252 分
10	有期徒刑廿四年以上,廿七年未滿	396 分	360 分	324 分	288 分
11	有期徒刑廿七年以上,三十年未滿	432 分	396 分	360 分	324 分
12	有期徒刑三十年以上,或無期徒刑	468 分	432 分	396 分	360 分

1. 受刑人編級後,管教人員依據日常考核按月評給成績分數,附該項成績分數用來抵銷前者的責任分數,抵銷淨盡者,可以進較高的級別。如本級責任分數抵銷盡後,尚有多餘的成績分數則併入所進的級別計算。

2. 累犯受刑人責任分數，按上表逐級增加 1/3 計算。

3. 撤假受刑人責任分數，按上表逐級增加 1/2 計算。

4. 各級受刑人每月成績最高標準，均為四分計算。每月評分之最高限分如下：

(1) 第四級：教化、操行各 2.5 分。

(2) 第三級：教化、操行各 3 分。

(3) 第二級：教化、操行各 3.5 分。

(4) 第一級：教化、操行各 4 分。

接見（會客）與通信

　　服刑，雖與外界社會為隔離，但為使受刑人不與外界失去聯繫，在不影響監獄秩序及管理，允許受刑人和外界保持接見（會客）及通信，一方面使其與親屬保持親情之慰藉，另方面也能藉由親屬之鼓勵，達到改悔向上之目的。

1. 監獄接見（會客）及通信以最近三等親（家屬）為限，但處遇進級到第三級後，則准許與朋友接見（會客）及通信。

2. 受刑人接見（會客）及通信一般時間規定：

級數	接見（會客）	通信
第四級	每星期一次	每星期一封
第三級	每五天一次	每五天一封
第二級	每三天一次	每三天一封
第一級	不限制	不限制

3. 接見（會客）時間：每週一至週五，每日上午 09：00～11：00 時，下午 14：00～16：00 時。

4. 國定假日及例假日停止接見；但每月的第一個禮拜日開放接見（會客）。

5. 每日接見（會客）時間，不得逾 30 分鐘（如有特別事由，經監獄長官核准者，不在此限）。

6. 電話接見之申請與時機：

(1) 受刑人因特殊情事，極需與最近親屬或家屬聯絡，受刑人可填寫申請單，報請監所長官核准及辦理。

(2) 電話接見通話時間不得逾六分鐘（如有特殊事故可報准及延長）。

(3) 電話接見之申請時機：受刑人三等親內罹患重大疾病者；家庭發生重大變故者；亦或最近親屬因遠道，或緊急情形；或年邁（幼）、體弱、無法前來接見者。

假釋及縮短刑期

◎假釋

　　所謂假釋，就是在刑期尚未屆滿前，經過法定期間之服刑考核，確有悛悔向上之實據者，由監所報請法務部許可後，暫時釋放出獄。當假釋出獄後，於法定期間內如不再犯罪，或違反保護管束規則者，原尚未執行之刑期，視同已執行完畢；此為鼓勵受刑人改悔向上之一種行刑制度。

一、假釋應具之條件

1. 按刑法第 77 條之規定，受刑人確有悛悔實據；無期徒刑逾 25 年，有期徒刑逾 1/2，累犯逾 2/3 者，由監所報請法務部得許假釋出獄。

2. 但，有期徒刑未滿 6 個月者，或犯有期徒刑五年以上之累犯，五年以內故意在犯最輕本刑五年以上之有期徒刑之罪者；及犯強制治療處分，於徒刑執行期間，接受輔導或治療後，經鑑定，評估其再犯危險未顯著降低者，均不符假釋之條件。

二、所謂悛悔實據之定義

乃指受刑人於辦理假釋前，最近三個月內之教化、作業、操行各項分數，均應在 3 分以上；並需累進處遇晉至二級以上；並經監所假釋審查委員會決議之通過。

◎縮短刑期

縮短刑期亦為鼓勵受刑人改悔向上之一種行刑制度。乃係就受刑人其累進處遇進階到第三級以上，每月成績在 10 分以上者，及可縮短刑期之天數。

1. 縮短刑期天數之標準：

第三級受刑人，每執行服刑滿一個月者可縮短刑期 2 天。

第二級受刑人，每執行服刑滿一個月者可縮短刑期 4 天。

第一級受刑人，每執行服刑滿一個月者可縮短刑期 6 天。

2. 累進處遇及假釋，以縮短後之行期計算。

監所生活之細節

　　監獄是個封閉且特殊的小型社會，其間成員來自四面八方；小至 19 到 21 歲，老至 60 至 70 歲；刑期短至十天或二個月，長至無期徒刑；其組成之背景有黑道、角頭大哥與教授、醫生等；學歷有不識字、小學者、也有碩博、士者；罪名則含括殺人、強盜、擄人勒贖，及竊賊、性侵犯……等。因而在如此特殊結構之社群下共同生活與相處，監所生活之眉角（台語），也就是生活小節，就必須特別注意，才能做到相互包容及配合，減少紛爭與排斥的發生。

◎監所一般已成形之生活細節

1. 監所受刑人間之稱呼，一般多均以「○同學」為相互之稱呼；對資深受刑人者則多以○學長、○哥或○○兄為相互之稱呼，少有電影情節中誇大之「老大」或「大哥」為稱呼。

2. 監所中切記「少說、多看」；更忌被視為「白目」、「怪機種」怪異之類者，若然必多是非及受排斥。常見監所生活細節部分，茲依食、衣、住、行方向概為列述，提供參考；

   (1) 監所除了於工場吃飯時是在工作桌開餐（午、晚餐），一般都是在舍房地面圍繞著蹲坐用餐；因舍房空間狹小，受刑人多之下，大都是以高蹲之不佔空間方式為宜。

(2)　監所舍房吃飯時，大都會舖張塑膠布或報紙（代表桌面）放置菜飯，切記勿不小心用腳踩住報紙或膠布，通常會予獄友厭惡感，甚或當面斥責之情形發生。

(3)　監所如於會客後攜帶有會客菜時，一般大都將會客菜與舍房獄友一同分食（家常味）；若於工場，則依同組桌數以小碗分裝分送各桌（並不在量多，而是一種共享之態度）。

(4)　監所於舍房共同生活時，若有皮膚病（香港腳）者，務必向舍房房長先行報告與說明，自己之衣物切勿與同學混在一起清洗，以免傳染，若未先說明，則必遭同房獄友同學所厭惡。

(5)　監所於舍房內除了看房時日，儘量不在舍房內大號，若急需大號宜向房長報告並向同學致歉下行之，並於大號時採取邊大邊沖之方式，以減少異味。

(6)　監所若有打呼之習慣，入舍時向房長及同學說明，以示歉意；另於舍房走動時，儘量養成注意勿踩到同學之被褥，已維清潔（尤其腳有沾水情形時）。

(7)　監所在工廠或舍房抽菸時，切勿自己的菸不抽（私藏），反參與其他人為共抽，予人有占便宜感（一般受刑人抽菸時，若未邀約一起抽時，儘量不宜靠近，免增雙方之尷尬）。

收容人各式「報告」撰寫範例

　　各監獄及看守所拘禁之受刑收容人，於服刑期間日常生活所需為監獄及看守所協助時，均須書寫報告逐級為呈閱，並須獲相關權責科、室之核准始能施行之。

1. 服刑同學報告之填寫，除應依表格填寫收容之刑號、姓名外，並應填寫罪名與刑期；並就報告之主要訴求目的，摘述填寫申請之理由。

2. 收容人報告之填寫，茲列敘以下常用報告範例為參考：「自費購藥」、「國外通信」、「自費看診」、「電話接見」、「接見寄入物品」、「在監證明」、「處遇累進分數」等。

台灣○○監獄收容人申請（報告）單

編號		姓名		單位	罪名		刑期		級別	

主旨：呈申請「自費購藥」事，如說明，敦請鑒核！

說明：緣，受刑人1234○○○因患有皮膚病，日夜騷癢難耐（填寫申請之理由）；故，懇請鈞長賜准自費購＃＃藥膏、＃＃止癢水各一條，以期早日治療，所請蒙准，倍感扶澤，是所致禱！

　　　　　謹呈

申請（報告）人：1234○○○（正楷簽名及奈印）　　年　　月　　日

單位主管	管教小組	專員	戒護科長

會辦科室

秘書	副典獄長	典獄長

台灣○○監獄收容人申請（報告）單

編號		姓名		單位	罪名		刑期		級別	

主旨：呈申請與「國外通信」事，如說明，敦請鑒核！

說明：緣，受刑人 1234○○○，因配偶○○○為大陸籍，現與子、女居住於
　　　中國大陸上海○○○區○○路○○號（填寫通信地址）；故，懇請鈞長
　　　賜准予與國外通信，所請蒙准，倍感扶澤，是所致禱！

　　　　　謹呈

申請（報告）人：1234○○○（正楷簽名及奈印）　　年　　月　　日

單位主管	管教小組	專員	戒護科長

會辦科室

秘書	副典獄長	典獄長

台灣○○監獄收容人申請（報告）單

編號	姓名		單位	罪名		刑期		級別	

主旨：呈申請「自費看診」事，如說明，敦請鑒核！

說明：緣，受刑人1234○○○，因患有腎臟病宿疾（填寫病況理由），期望核准於省立○○醫院並於戒護下自費看診；故，懇請鈞長賜准，所請蒙准，倍感扶澤，是所致禱！

　　　　　謹呈

　　申請（報告）人：1234○○○（正楷簽名及奈印）　　年　　月　　日

單位主管	管教小組	專員	戒護科長

會辦科室

秘書	副典獄長	典獄長

台灣○○監獄收容人申請（報告）單

編號	姓名		單位	罪名		刑期		級別	

主旨：呈申請「電話接見」事，如說明，敦請鑒核！

說明：緣，受刑人1234○○○，因配偶○○○／住○○縣／市○鄉／區○○
路○○號；因路途遙遠，且家人工作不便請假，無法常來監為接見（填
寫電見人及住址）；故，懇請鈞長賜准電話接見之申請，所請蒙准，
倍感扶澤，是所致禱！

      謹呈

申請（報告）人：1234○○○（正楷簽名及柰印）　　年　　月　　日

單位主管	管教小組	專員	戒護科長

會辦科室

秘書	副典獄長	典獄長

台灣○○監獄收容人申請（報告）單

編號		姓名		單位	罪名		刑期		級別	

主旨：呈申請「接見寄入物品」事，如說明，敦請鑒核！

說明：緣，受刑人 1234○○○，因配偶○○○概於下週來監接見，並於接見
時，隨同寄入老花眼鏡一付（填寫寄入物品）；故，懇請鈞長賜准，
所請蒙准，倍感扶澤，是所致禱！

　　　　　　謹呈

申請(報告）人：1234○○○（正楷簽名及奈印）　　年　　月　　日

單位主管	管教小組	專員	戒護科長

會辦科室

秘書	副典獄長	典獄長

台灣○○監獄收容人申請（報告）單

編號	姓名		單位	罪名		刑期		級別	

主旨：呈申請「在監證明」事，如說明，敦請鑒核！

說明：緣，受刑人 1234○○○（填寫刑號及姓名），因家人辦理子女教育補助申請之必須（填寫申請之理由）；故，懇請鈞長賜准核發　在監證明，以利申辦作業之需要，所請蒙准，倍感扶澤，是所致禱！

　　　　　　謹呈

申請（報告）人：1234○○○（正楷簽名及奈印）　　年　　月　　日

單位主管	管教小組	專員	戒護科長

會辦科室

秘書	副典獄長	典獄長

台灣〇〇監獄收容人申請（報告）單

編號	姓名		單位	罪名		刑期		級別	

主旨：呈申請「處遇累進分數」說明事，如說明，敦請鑒核！

說明：緣，受刑人1234〇〇〇因對處遇累進分數計算有所疑義（填寫申請之理由）；故，懇請准予請見教誨師為分數計算之指導說明，所請蒙准，倍感扶澤，是所致禱！

　　　　　　　謹呈

申請（報告）人：1234〇〇〇（正楷簽名及奈印）　　年　　月　　日

單位主管	管教小組	專員	戒護科長

會辦科室

秘書	副典獄長	典獄長

訴狀撰寫及範例

- ・常用法律名詞釋義
- ・書狀撰寫程式及要領
- ・刑事聲請狀
- ・刑事上訴狀
- ・刑事答辯狀
- ・抗告聲請狀
- ・再審與非常上訴

訴狀撰寫及範例

常用法律名詞釋義

一、依法行政原則

依法行政包含法律優位原則及法律保留原則兩項。法律優位原則乃指所有的行政行為，不可牴觸法律（又名之依法行政）。法律保留原則則指所有行為必有法律援救依據。

二、比例原則

比例原則又稱為「損害最小原則」及「孽止過去原則」。係指國家公權力為了達到某一特定目的的結果，所採取之方法、措施，必須符合合理及比例的原則。主可分為三項內容：

1. 採取之方法應有助於目的之達成。
2. 有多種同樣能達目的之方法時，應選擇造成損害最少者行之。
3. 採取之方法所造成之損害不得與獄達成目的之利益顯失均衡。

三、依賴保護原則

乃指行政機關所從事之行政行為應保護人名正當合理之信賴，倘若行政行為枉顧人民值得保護的依據，而使其遭受到負擔或喪失權益，該行政行為同時並非立基於保護或增進公共利益之必要性，則該行政行為，基於法律安定性的原則，行政機關不得為之。

四、利益衡平原則

行政機關就該行政程序，應於當事人有利不利之情形一律注意。

五、罪刑法定原則

為防止國家刑罪權之任意發動及擅斷，以確保人民基本之人權，爰引「無法律、無犯罪，無法律、無刑罰」之立法而揭示：犯罪之成立要件及其法律效果，均須預先明確訂定於法律上；凡行為當時之法律無明文者，任何行為均不構成犯罪，亦即不得科予刑罰。罪刑法定原則包含以下四種原則：
1. 刑法不溯既往原則
2. 習慣法禁止原則
3. 類推適用禁止原則
4. 絕對不定期刑禁止原則

六、從舊從輕原則

行為及法律有變更者，適用行為時之法律。但行為及之法律有利於行為人者，適用最有利於行為人之法律。

七、自由心證主義

乃就證據之證明力，委由法官評價；凡經合法調查之證據，由法官依經驗法則及倫理法則以形成確信之心證。

八、毒樹果實原則

乃指非法取得之證據為樹，由該非法證據為據所衍生之證據，即使合法取得，仍為巨毒性之毒果，不得使用。

九、權衡理論

刑事訴訟程序之公平性，因違背法定程序取得之證據，其有無證據力之認定，應審酌人權保障及公共利益之權衡維護。

十、禁止不利益變更原則

凡由被告上訴或為被告利益而上訴者，上訴審法院不得渝知較重於原審判之刑。

十一、證據裁判原則

刑事訴訟法以直接審理及言詞審理為原則，證據必須由法院加以調查，適於為犯罪事實之證明者，始得採為證據之樣。

十二、失權期間

乃指期間一旦遲誤，即喪失訴訟權利之效果之法定期間。亦就是在法定期間內不為特定訴訟行為，即喪失為該訴訟行為之權利。（例如逾期上訴，即喪失上訴權不得再刑上訴）。

十三、交付審判

乃告訴人不服檢察署駁回再議申請時，得於接受處分書後法定期限內，委由律師提出理由狀，向該管第一審法院申請交付審判。

十四、認罪協商

乃於當事人合意，且被告認罪前提下，經法院同意後於審判外進行求刑及相關事項之協商，並由檢察官申請法院協商內容為協商判決之程序，然其特徵如下：

　1.於一審審理終結前行知。

　2.限於非重罪之案件，（最輕本刑三年以上者不適用）。

3. 須經檢察官向法院申請為同意後始行知。

十五、非常上訴

乃判決確定後，發現該案件之審判係違背法令，並與統一適用法令有關者；獲該件審判違背法令，且不利於被告，雖與統一適用法令無關，亦得提起非常上訴（非常上訴係由最高檢察署檢察總長向司法院提起）。

十六、再審

乃有罪之判決確定後，因發現確實之新事實或新證據，單獨或與先前之證據綜合判斷，足讓受有罪判決之人應為無罪，免訴或輕於原判決所認罪名之判決者，應得為受刑人之利益申請再審。

十七、審判不可分

係指未起訴之犯罪事實，屬於已經起訴犯罪事實之一部份，其起訴之效力及於犯罪事實之全部而言。

十八、證據保全

證據保全與調查證據之概念有別。證據保全乃就預定提出供調查之證據有湮滅、偽造、變造、藏匿或礙難使用之虞時，基於發現

真實與保障被告防禦及答辯權，由被告或其辯護人向法院提出申請，使檢察官或法院為一定之保全處分。

十九、相當因果關係

係指依經驗法則，綜合所存在之一切事實，為客觀之事實審查，認為在一般情形下，有些環境，有些行為之同一條件，均可發生同一之結果者，則該條件即為發生結果之相當條件，行為與結果即有相當之因果關係。

二十、褫奪公權

乃國家剝奪犯人擔任公務員或公職候選人資格，以及享有公法上亦即選舉、罷免、創制、複決四權權利之法律效果。褫奪公權期間，自主刑執行完畢或赦免之日起算。

二十一、累犯

乃指因犯前罪而受刑罰執行完畢，於釋放後 5 年內，再出於故意犯有期徒刑以上之罪者為累犯。加重其刑 1/2。

二十二、合併執行

乃行為人所違犯之數罪之宣告刑，累積刑度併予執行。合併執行並不受刑法 51 條數罪併罰合併不得逾 30 年之限制。

二十三、追訴時效

追訴權乃檢察官或犯罪被害人，對於犯罪向法院提起確認刑罰權之有無權利，基於不告不理原則，法院無從對於犯罪刑罰權為確認其有無。追訴時自犯罪成立日起算；犯本刑 10 年以上之罪者，追訴時效為 30 年；犯本刑 10 年以下者，追訴時效為 20 年；犯本刑 3 年以下者，追訴時效 10 年，犯本刑 1 年以下者，追訴時效 5 年。

二十四、對價關係

即對等關係或相對給付關係，指以職務行為或違背職務與他方所訂之賄賂互為交換條件之情形（違背職務乃指職務範圍內應為而不為，或不應為而為）。

二十五、賄賂行求

指以交換特定職權行使行為為目的，而主動向對方表示願意支付不法報酬之通知行為。行求通知一如提出並於對方可知會狀態下，即足構成，對方是否對價做出應允，則非所問。

書狀撰寫程式及要領

　　刑事訴訟書狀之撰寫，是一門相當專門的學問，但遇有需要而又必須親自撰擬時，究竟應為那些準備呢？本書所列敘之撰狀要領，僅是約略的提及撰狀時所應做的準備，除此之外，不為顯無勝訴希望的訴訟，不隨意捏造事實等，均須注意。

一、備妥六法全書

　　撰擬書狀牽涉當事人的主張或聲請提出的條件、管轄法院……等，這些事項往往規定於法令之中，當事人如未能先行查索相關法令的規定，必然容易造成錯誤，致損及自己之權益。

二、查閱判解書籍

　　抽象的法條在具體適用時，常會產生見解的不同，故除了須知悉法條外，尚須瞭解該法條具體適用的情形，可參考者，如；大法官會議解釋、最高法院判決、最高法院刑庭總會決議、法律問題座談會座談意見、司法院司法業務研究會研究意見……。目前司法院已提供一套非常實用之法學資料檢索系統，網址：http://jirs.judicial.gov.tw。

三、分析案情實況

撰狀必須明瞭案件事實，將該案件徹底地分折，明瞭事實及證據主張方法，如此才掌握案件的有利發展，切勿含混，避免造成法院處理的困擾。

四、書狀格式準據

撰寫狀紙內前，應先瞭解狀紙內記載那些事項，以下分別就刑事書狀加以說明：

1、名稱：

刑事狀紙名稱，例如：刑事自首狀、刑事告訴狀、刑事答辯狀、刑事調查證據聲請狀、刑事上訴狀、刑事告狀、刑事再審聲請狀、刑事非常上訴聲請狀、刑請求檢察官上訴狀、刑事附帶民事起訴狀……等等。

2、案號欄：

刑事案件之案號，亦按年度案件、種類及繫屬次序，分別編號：

(1)　第一審通常案件冠以「訴」；

(2)　第一審簡易案件冠以「易」；

(3)　聲請簡易判決案件冠以「簡」；

(4）自訴案件冠以「自」；

(5)　第二審通常上訴冠以「上訴」；

(6) 第二審簡易上訴案件冠以「上易」;

(7) 抗告案件冠以「抗」;

(8) 發回或發回更審案件冠以「X更」;

(9) 聲請再審案件冠以「聲再」;

(10) 關始再審案件冠以「再」;

(11) 其他聲請或聲明案件冠以「聲」。

3、承辦股別欄：

按其股別填載。

4、當事人欄：

刑事案件之當事人如：自訴人、告訴人、被告、上訴人、抗告人、受判決人、聲請人……等等，在當事人欄之稱謂、姓名或名稱、年齡、籍貫、住所或居所、職業、性別載明。如有指定送達代收人之必要時，始將送達代收人之姓名及住址載上，或再加記電話號碼。

5、證人欄：

當事人對於主張有利於己之事實，負有舉證責任（參見民事訴訟法第 277 條）。證人是證據方法之一，如當事人認為待證實有證人足資作證時，可將其姓名及其住居所詳載於證人欄內。如：「證人一、○○○列記住址；證人二、○○○列記住址」。

6、證物欄：

證物也是可以作為證據方法之一，不論公文書或私文書均可，但應將文件名稱、件數載明於證物欄內。

7、管轄法院名稱：

　　狀紙提出，有其受文單位，其受文單位即係管轄法院。例如：臺灣○○地方法院檢察署、臺灣○○地方法院刑事庭、臺灣高等法院刑事庭……等。

8、日期欄：

　　狀紙提出有一定之日期，該日期欄即係載明其提出之日期，例如：民○○年○○月○○日提出，即於日期欄上載民○○年○○月○○日。

9、具狀人及撰狀人欄：

　　具狀人乃提出狀紙之當事人，而撰狀則係當事人撰寫狀紙之人。例如：王甲為原告，提出起訴訴狀，該狀紙係委託○○○律師撰寫，則應記載為「具狀人　王甲　撰狀人○○○律師」。

10、內容欄：

　　狀紙除去前開各欄外，空白直格內均係供為填載當事人之主張、聲明、陳述……之用，或稱之為「內容欄」。例如：於起訴狀，應在內容欄記載訴之聲明、事實及理由、證據之主張方法……等。於答辯狀內，應記載答辯之聲明、答辯之事實及理由、證據之主張方法。

◎羈押撤銷程式

按刑事訴訟法第 101 條之規定，被告經法官訊問後，認為犯罪嫌疑重大，而有左列情形之一，非予羈押，顯難進行追訴、審判或執行者，得羈押之：

1. 逃亡或有事實足認為有逃亡之虞者。
2. 有事實足認為有湮滅、偽造、變造證據或勾串共犯或證人之虞者。
3. 所犯為死刑、無期徒刑或最輕本刑為五年以上有期徒刑之罪者。法官為前項之訊問時，檢察官得到庭陳述聲請羈押之理由及提出必要之證據。

※就上述各款羈押所依據之事由，應告知被告及其辯護人，並記載於筆錄。

就上述各款羈押原因消滅時，應即撤銷羈押，將被告釋放。被告、辯護人及得為被告輔佐人之人得聲請法院撤銷羈押。檢察官於偵查中亦得為撤銷羈押之聲請。法院對於前項之聲請得聽取被告、辯護人或得為被告輔佐人之人陳述意見。偵查中經檢察官聲請撤銷羈押者，法院應撤銷羈押，檢察官得於聲請時先行釋放被告。

就羈押之被告，有下列情形之一者，如經具保聲請停止羈押，不得駁回：

1. 所犯最重本刑為三年以下有期徒刑、拘役或易科罰金之重者。但累犯、常業犯、有犯罪之習慣、假釋中更犯罪或依刑事訴訟法第 101 條之一第一項羈押者，不在此限。

2. 懷胎五月以上或生產後二月未滿者。

3. 依刑事訴訟法第 114 條現罹疾病，非保外治療顯難痊癒者。

羈押之被告，得不命具保而責付於為其輔佐人之人，或該管區域內其他適當之人，停止羈押。受責付者，應出具證書，載明如經傳喚應令被告隨時到場。羈押之被告，得不命具保而限制其住居，停止羈押。

停止羈押後，有下列情形之一者，得命再執行羈押：

1. 經合法傳喚無正當之理由不到場者。

2. 受住居之限制而違背者。

3. 本案新發生第 101 條各款所定情形之一者。

偵查中有前項情形之一者，由檢察官聲請法院行之。再執行羈押之期間，應與停止羈押前已經過之羈押間合併計算。

◎撤銷羈押撰狀說明

1. 羈押，應用押票且於法官始得簽發，檢察官偵查中如認為有羈押之必要，應向所屬法院法官聲請。羈押期間，依刑事訴訟法第 108 條規定，偵查中不得逾二月，得延長一次。審判中不得逾二月，延長次數，最高以三次為限。若案件經上級審發回者，其延長次數應更新計算。

2. 若被告羈押期間已逾原審判決之刑期，應即撤銷羈押，將被告釋放。被告亦得聲請釋放之。被告亦得隨時聲請止羈押，但須具保。若因被告懷胎五月以上或生產後未滿二月者、現罹疾病非保外就醫顯難痊癒者、所犯最重為一年以下有期徒刑、拘役、專科罰金之罪，被告具保聲請停止羈押，法院不得駁回。

刑事聲請狀

◎刑事聲請狀──停止羈押

案　號：○○年度上易字第□□□□號

股　別：○股

聲起人：李○美

　　　　　戶籍地址：○○市○○區○○○路○○○號○樓

為聲請准予具保停止羈押事！

　　緣，聲請人李○美之夫亦即被告陳○龍，被訴業務過失致死乙案，於○月○日前往鈞院刑事庭開庭後，為鈞長諭令收押，迄今數月迄未判決。查，聲請人一家五口，除聲請人一人成年外，餘四名子女均年幼在學校就讀，全賴被告一人維持；自被告收押後，全家生計斷絕，子女學業難以為繼，為此依照刑事訴訟第 110 條之規定，備具○○公司保一紙（見證物一），狀請　鈞長鑒核，准予對保後停止羈押，至感德便。

證物一：保證書影本乙份。

　　　　　　謹狀

臺灣○○地方法院　刑事庭　公鑒

中華民國○○年○○月○○日

　　　　　　　　　　　　具狀人：李○美

◎刑事聲請狀──過失傷人

案　號：○○年度上易字第□□□□號

股　別：○股

聲請人（亦即被告）：朱○全
　　　　　　戶籍地址：○○市○○區○○○路○○○號○樓

為被告過失傷人一案，依法聲請緩刑事！

　　緣，聲請人（亦即被告）：朱○全因駕車不慎撞傷被害人李四一案，經檢察官偵查起訴，並由鈞院以○○年度○字第○○號傷害案件審理中。

　　查，本件聲請人（亦即被告），自撞傷李四，即行送醫治療，並代為給付全部醫療費用，令李四傷勢幾經痊癒，不數日即可出院，亦經鈞院函詢○○醫院在案。案過失傷害，依法處斷，至多為六個月徒刑，而被告從未犯罪，更未曾受有期徒刑之宣告，與刑法第 74 條緩刑規定尚屬相合，為此，狀請　鈞院鑒核，賜念被告素行良好，亦無犯罪故意，准於宣告緩刑，以明法治，至為感禱。

　　　　　　　　謹狀

臺灣○○地方法院　刑事庭　公鑒

中華民國○○年○○月○○日

　　　　　　　　　　　　　　　具狀人：朱○全

◎刑事聲請狀——刑罰合併執行

案　號：

股　別：

聲請人（亦即被告）：張○保

　　　　　　戶籍地址：○○市○○區○○○路○○○號○樓

為就數罪併罰，依法聲請合併執行事！

　　緣，聲請人（亦即被告）張○保，因觸犯傷害及竊盜等犯罪，業經臺灣○○地方法院量刑判決在案。今，爰依刑法第 51 條數罪併罰及刑事訴訟法第 477 條更定其刑之相關規定，狀請　准予合併執行刑罰之聲請，是所致禱！

　　　　　　　謹狀

臺灣○○地方法院檢察署公鑒

中華民國○○年○○月○○日

　　　　　　　　　　　　　　　　具狀人：張○保

◎刑事聲請狀──贓物

案　號：○○年度上易字第□□□□號
股　別：○股

聲請人（亦即被告）：吳○啟
　　　　　　戶籍地址：○○市○○區○○○路○○○號○樓

為贓物案件，依法申請易服勞事！

　　緣，聲請人（亦即被告）吳○啟，因觸犯贓物罪案，業經鈞院判決處罰金○○元，如易服勞役以三元折算一日確定在案」。惟查，聲請人現無職業、亦無積蓄，目下孑然一身，實無力完納；故，為此懇請　鈞院鑒核，賜准予依刑法第 42 條之規定，為易服勞役，以代執行，不勝感禱！

　　　　　　　　謹狀
臺灣○○地方法院　檢察署　公鑒
中華民國　○○年　○○月　○○日

　　　　　　　　　　　　　　　具狀人：吳○啟

◎刑事聲請狀——贓物

案　號：○○年度上易字第□□□□號
股　別：○股

聲請人（亦即被告）：張○○
　　　　　　戶籍地址：○○市○○區○○○路○○○號○樓

為就贓物科刑案，依法申請易科罰金事！

　　緣，聲請人（亦即被告）張○○因觸犯犯贓物罪案，業經鈞院判決處有期徒刑四月，如易科罰金以三元折算一日確定在案。惟，聲請人因目前於○○外商公司擔任職（見附證一），且家有妻子李○○及長子張○○（現年 7 歲），次女張○○（現年 4 歲），均賴聲請人維持生活；聲請人今爰依刑事訴法第 41 條「顯因職業或家庭之關係，執行顯有困難」之規定，為此懇請鈞院鑒核，賜准為易科罰金，至為感禱！

證物一：在職證明書正本乙份。
證物二：戶籍謄本影本乙份。

　　　　　　謹狀
臺灣○○地方法院　檢察署　公鑒
中華民國○○年○○月○○日

　　　　　　　　　　　　　具狀人：張○○

◎刑事聲請狀──偽造文書

案　號：○○年度上易字第□□□□號
股　別：○股

聲起人（亦即被告）：趙○山
　　　　　　戶籍地址：○○市○○區○○○路○○○號○樓

為就偽造文書確定判決，聲請停止執行事！

　　緣，聲起人（亦即被告）趙○山被訴偽造文書罪，業經臺灣○○地方法院判處有期徒刑三年確定在案。聲請人本應欣然入監服刑，惟因聲請人向即體弱多病，近因纏訟多時，心力更形交瘁；於上週二胃病突大量出血急送○○醫院急診；期程吐血多次，更曾休克三次，附具○○市立○○醫院診斷書及住院證明書可據（見證物一）。

　　查，聲起人（亦即被告）自忖，如再入獄執行，以獄所醫療設備之欠缺，聲請人終將不幸。故按刑事訴訟法第467條「現罹疾病，恐因執行徒刑而不能保其生命者於痊癒前停止執行」之規定，為此狀請　鈞長鑒核，准予停止執行，以保人命而符法紀，實為德便！
證物：診斷書及住院證明書影本乙份。

　　　　　　謹狀
臺灣○○地方法院　檢察署　公鑒
中華民國○○年○○月○○日

　　　　　　　　　　　　　　具狀人：趙○山

◎刑事聲請狀——強姦

案　號：○○年度上易字第□□□□號

股　別：○股

聲請人（亦即被告）：李○賢

　　　　　戶籍地址：○○市○○區○○○路○○○號○樓

為就○○年度○字第○○號被訴強姦罪一案，依法聲請傳喚證人事！

緣，聲請人（亦即被告）李○賢被訴於今年○月○日夜晚時十於○○市○○路○○巷○○賓館強姦李四罪嫌一案，業經　鈞院檢察署終結偵查，將被告起訴在案。緣偵查中，被告知不在場證人王五、陳七義等適連袂出國觀光旅遊，無法出庭為被告作證，致導檢察官起訴。乃上述王五等二名證人以於昨日返國，知悉被告涉案，均願出庭作證被告於案發時確不在場。茲特提出此等二名證人，狀請　鈞署鑒核，迅為被告無罪之判決，以免冤濫，而障人權。

證人一：王五，住：○○市○○路○○號

證人二：陳七義，住：○○市○○路○○巷○○號

　　　　　　謹狀

臺灣○○地方法院刑事庭公鑒

中華民國○○年○○月○○日

　　　　　　　　　　　　　　具狀人：李○賢

◎刑事聲請狀──贓物罪嫌

案　號：○○年度上易字第□□□□號
股　別：○股

聲請人（亦即被告）：張○保
　　　　　　戶籍地址：○○市○○區○○○路○○○號○樓

為就已逾羈押期間，依法聲請撤銷羈押事！

　　緣聲請人（亦即被告）於民○○年○月被訴贓物罪一案，於同年○月○○日第一次訊問後，即被羈押，迄今已五月餘，雖其間經多次訊問，迄未提起公訴，仍繼續偵查案情中。依刑事訴訟第 108 條第 1 項之規定：「羈押被告，偵查中不得逾二月。」其第 5 項規定：「延長羈押期間，每次不得逾二月，偵查中以一次為限。」其第 3 項規定：「羈押期間已滿，未經起訴或裁判者，視為撤銷羈押。」。

　　查聲請人（亦即被告）自被羈押以來，已逾五月有餘，案件既未經起訴，依法羈押期間延長一次亦不滿四月，依上開刑事法之規定，實應撤銷羈押，為此狀請　鈞院鑒核，依法將聲請人釋放，以符法治、祈障人權！

　　　　　　謹狀
臺灣○○地方法院刑事庭公鑒
中華民國○○年○○月○○日

　　　　　　　　　　　　具狀人：張○保

◎刑事聲請狀——返還扣押物

案　號：○○年度上易字第□□□□號

股　別：○股

聲請人（亦即被告）：邱○君

　　　　戶籍地址：○○市○○區○○○路○○○號○樓

為聲請返還扣押物事！

　　一、緣，聲請人（亦即被告）邱○君因被訴盜匪等案件，於到案之初，住宅曾受搜索，且受搜索後有部分個人財物遭扣押，因查該列受扣押之個人財物，均有來源證明，且屬被告所有，並非載於原審判決書附件中犯罪所得之物欄內物品，故非犯罪所得之物，亦非本案可為證據或得沒收之物，依刑事訴訟法第 142 條規定，應予發還於被告。

　　二、次查被告受扣押之個人財物列表如下：

編號	名稱	來源	備考
1、	女用金項鍊乙條（約六錢重）	購於○○市○○路「○○」銀樓	
2、	女用金手鍊二條（約四錢重）	同上	
3、	珍珠項鍊乙條	購於○○市○○○路	
4、	K金戒指二只	同上	
5、	男用寶路華手錶乙只	購於○○市○○路	
6、	現金伍萬元		

　　三、上列扣押物件前由臺灣臺北地方法院檢察署扣押保管，惟目前本案已繫屬鈞院，爰謹請

　　鈞院惠予依刑事訴訟法第 142 條規定，就上開物件查明來源後惠予裁定一併發還被告，惟因被告目前仍在押故委任○○○代被告收受上開物品（詳證二）至感德便！

證物一：手錶保證書影本。

證物二：委任狀乙件。

　　　　　謹狀

臺灣臺北地方法院　檢察署　公鑒

中華民國○○年○○月○○日

　　　　　　　　　　　　具狀人：邱○君

◎假釋陳情書（狀）

陳情人：○○○
　　　　○○市○○區○○路○段○○號○樓
　　　　（台灣○○監獄受刑人／刑號××××）

為就刑罰執行機關「違法、濫權」，不為符合假釋受刑人為依法之呈報，依法具狀陳情事！

　　究刑罰之目的，旨在矯正向上，而非為報應之報復。而就假釋之執行，乃是國家法律之律定，而非監獄或看守所之恩惠，亦不是於國法外另種私刑之存在，更非為獄政管理刑罰執行權之濫用。

　　緣，陳情人○○○前因誤觸國家律法，致於花蓮監獄服刑 9 個月。今就「假釋」之執行，提陳獄政管理興革之諫言，期使初犯受刑人確能有基本人權之保障，並為初犯受刑人能有勵新更生，重返社會，並為人倫親情團聚之策勵。故，懇請部長察納，使為各監獄與看守所確為依法為假釋之執行！

　　司法改革首要在尊重司法，行政權或刑罰執行機關更不可侵越司法權；故，就受刑人是否符合假釋，實不應由監獄擅權為判定而不為假釋之陳報，此當由司法權亦即法院為認定。按刑法第 70 條及監獄行刑法第 81 條假釋之規定，受有期徒刑執行，確有悛悔實據者，初犯服刑達 1/2 刑期，且服刑滿六個月，即符假釋之聲請。復依法務部獄政管理相關之規定，陳情人於服刑期程，確有悛悔事實可稽，但卻厭於劣習未為應符假釋之提報！

　　一、陳情人（亦即受刑人）於服刑期程，除工作認真積極，沉潛自省外，更本於同為受刑人心境，主動協助輔導與安撫受刑同學之心緒，並給予策勵和紓壓之開導等悔悔事證外，更就其觸法與刑罰矯正教化之心得，多次撰文於報刊、雜誌，以期為世人警惕之省思。並於家書中，不斷告誡子、女務須恪守國家法律，切不可因一時迷失而誤觸律法，再再彰顯受刑人悔悔檢省之事實。而就受刑人在監教化、操作、品性等之處遇考評，已獲處遇累晉至二級之積分，實已符假釋聲請之要件。

　　二、復就，現行監獄管理處遇累進「悔悔實據」考評之認定，不以受刑人平時言行真實之作為評量，竟以三個月積分之量化，為悔悔實據之認定，顯缺「事實與邏輯」科學事證之依憑；更已為剝奪初犯與刑期十個月以下受刑人，其應有假釋之權利與權益；更因獄政管理移監之措施下，造成受刑人再次為新收教化一個月，即已直接影響其處遇積分之爭取，更直接侵害到其具體之權益。

　　綜上所陳，陳情人今伏首祈盼，懇請鈞長能給予初犯受刑人，能為勵新假釋之機會和鼓勵，並為重視十個月以下短刑期受刑人，其應有假釋之權利與權益，以符國家律法，及刑罰矯正向上之目的。

　　　　謹呈
法務部部長公鑒
中華民國○○年○○月○○日

　　　　　　　　　　　　　陳情人：○○○
繕本併同寄發：台灣○○監獄（查照）

刑事上訴狀

撰狀說明

一、所犯之罪如為刑法第六十一條之輕罪者，不得上訴於第三審法院。上訴審程序，第二審和第三審稍異，前者為「事實審」，後者為「法律審」，不經言詞論程序，且後者非以判決違背法令外，不許提起。

二、提出上訴狀應向原審法院為之，由原審先行形式上之審查後再轉送上級法院。

三、上訴狀提出後，得於判決前提出補充上訴理由書。

四、上訴無理由或不合法時，法院應為駁回之判決。若上訴有理由時，應撤銷原審之判決，或自為判決或發回原審法院更審。

◎刑事上訴理由狀──幫助殺人

案　號：○○年度上易字第□□□□號
股　別：○股

上訴人（亦即自訴人）：張○○
　　　　　　戶籍地址：○○市○○區○○○路○○○號○樓
被告人：李○○
戶籍地址：○○市○○區○○○路○○○號○樓
被告人：王○○
戶籍地址：○○市○○區○○○路○○○號○樓

為不服臺灣高等法院○○年度第○○號刑事判決，經依法聲明上訴在卷，謹在補呈上訴理由事！

　　本件原判決認定陳○○（在逃）本案案發前二、三年（民國○○年間）曾遭上訴人打斷手臂，懷恨在心，意圖報復，決意殺害上訴人，於民國○○年○月○日凌晨零時三十分左右，請求另被告李○○、王○○幫助，被告等二人答應幫助其殺人，乃於同日凌晨零時四十分許，由王○○駕駛○○－○○○○號自用驕車，載陳○○與李○○同往○○縣○○鎮○○街○○號邊巷內等候上訴人，李○○與王○○把風，於發現上訴人偕女友曾○○經過該時，即由陳○○叫上訴人「您過來」上訴人見狀不妙反身拔腿就跑，陳○○即拔槍射殺上訴人右後背部，上訴人中槍後，繼續向夜市場逃避，陳○○追一陣後，迅即返回登上所駕之自用小轎車，與李○○等人揚長

而逸等情，爰將第一審有關上訴人等部份之不當判判決撤銷，依刑法第 30 條，第 271 條第 1 項及其他有關法條，論處上訴人等幫助殺人罪刑，惟查刑法第 30 條之幫助犯，係指以幫助他人犯罪之意思，而參與實施，其所參與之行為為犯罪構成要件以外之行為者而言，若以幫助他人犯罪之意思，而參與犯罪構成要件之行為者，為正犯。

本件依原判決認定之事實，謂陳○○請求被告等幫助，被告等答應幫助其殺人之謀議在先，其事後實施殺人之際，又在場把風，以致陳○○拔槍射殺上訴人致傷，則被告等是否以幫助他人犯罪之意思，而參與犯罪構成要件之行為，不能謂無疑問？從而被告等究應成立殺人罪之幫助犯，抑應成立殺人之共同共正犯，尚難謂無研求之餘地。乃原審對此未切實審究，遽行判決，論處上訴人等幫助殺人罪刑，其適用上訴人等幫助殺人罪刑，其適用之法律，洵非妥當。為此提起上訴，狀請　鈞院鑒核，賜撤銷原判發回更審，以明法治，而儆不法是禱。

　　　　謹狀
臺灣高等法院刑事庭轉呈
最高法院公鑒
中華民國○○年○○月○○日

　　　　　　　　　　　　　　　　具狀人：張○○

◎刑事上訴狀——過失致人於死

案　號：○○年度上易字第□□□□號
股　別：○股

上訴人（亦即被告人）：楊○龍
　　　　　　　戶籍地址：○○市○○區○○○路○○○號○樓

為不服臺灣○○地方法院過失致人於死刑事之判決，依法提起上訴事！

　　按過失責任係以應注意並能注意而布注意為要件，此項要件，必須明確認定，詳細記載於判決書事實欄內，其適用法律方有事實之根據。本件原判決事實僅認定上訴人係職業汽車司機，於民○○年○月○日下午一時五十五分，駕駛計程車在客由○○市○○往○○鄉，橋北端省公路上外側車道時，以時速約五十公里之速度行駛，適有同向在內側車道行駛之不詳號碼大卡車超前向外車道駛出時，上訴人一時心慌，疏於注意，將方向盤右打，竟駛出四公尺寬之快車道而至五公尺寬慢車道右側，其車體右邊自前頭三十公分起，擦撞路右第一個橋墩，當場右邊前後車門全毀，乘客李○○因而胸腹腔內出血，送醫急救，不治死亡等情，而於按當時情節，上訴人是否應注意並能注意，則無論及，顯不足為適用法律之基礎。原判決率行論處上訴人以業務過失致死於死罪，自難昭折服。為此依法提起上訴，狀

請　鈞院鑒核，賜撤銷原判，更為被告無罪之判決，以明法治
是禱。

　　　　　謹狀
臺灣○○地方法院刑事庭轉呈
臺灣高等法院刑事庭公鑒
中華民國○○年○○月○○日

　　　　　　　　　　　　　　具狀人：楊○龍

◎刑事補提上訴理由狀──過失致人於死

案　號：○○年度上易字第□□□□號
股　別：○股

上訴人（亦即被告人）：楊○龍
　　　　　　戶籍地址：○○市○○區○○○路○○○號○樓

為不服臺灣○○地方法院過失致人於一審之判決，茲再補陳上訴理由事！

　　一、原審認定上訴人（即被告張三）係○○貨運公司司機為從事駕駛業務之人，於民○○年○月○日上午○時○○分駕駛 KY-1506 大貨車延高速公路南下，途經基隆起點一百八十六公里四百五十公尺處，本應注意依限制速率行駛，且為能注意，竟已超過限速一百公里之規定而以一百二十公里時速行駛。適有行人李○○進入高速公路，由中間分隔島向西橫越高速公路，上訴人發現時已煞車不及，而將之輾壓使頭顱破裂，腦漿四迸而當場死亡，論處上訴人業務過失致人於死有期徒刑六個月。

　　二、原審認事用法係以臺灣省○○縣汽車肇事鑑定委員會鑑定上訴人違反時速一百公里之規定即有輕微過失，而遽以論科。原審之事實認定及判決理由上訴人實難甘服，經查：

　　1、違反交通安全規定超速行駛，雖應受行政罰，但菲當然受刑罰處罰。且高速公路雖限速一百公里，但幾乎任何車輛皆以一百

十公里以上時速進行。本案證人王五係服勤於高速公路之交通警察，渠亦承認通常巡邏速度皆超過一百公里之時速，追緝人犯時有時更高達時速一百五十公里。而最高速率線至一百公里之規定，交通部主管高速公路當局早已研擬廢除（見○○年○月○日○○日報）。如果大多數皆以一百十公里速度行駛，則以八十公里或七十公里速率行駛，反而更容易肇事。且在流量如此大之高速公路上，亦屬顯不可能。

2、高速公路交通管制規則第 17 條第 1 款規定：「行人不得進入高速公路。」又依同規則第 10 條：「汽車在行駛途中，不得驟然減速或在車道中臨時停車」，依此規定行人既不得進入高速公路，汽車在行駛高速公路途中不得驟然減速或停車。而死者竟橫越高速公路！豈可怪上訴人超速具有過失，令負刑責？

3、當時時速為一百二十公里，折算每秒前進為三十三公尺三十三公分。規定速限為一百公里，折算每秒前進二十七尺二十七公分，而相撞部分依相字卷宗第十四頁所載為車頭中央之保險感及護板凹入部分，如以每秒二十七公尺計算前進者，亦將撞及右前分車頭部分。蓋常人普通步行時速為三‧九公里，（每分鐘一百十步，每步六十公分），以橫越高速公路速率較高五公里計，亦僅每秒前進一、三九公尺，而車頭寬三、五公尺。故以一百公里速率前進，車禍亦將不可免。從而上訴人縱超速行駛有輕微過失，與車禍之發生亦無因果關係存在。

4、上訴人於遠處見死者跨越護欄杆時，曾鳴喇叭示警，並緊急煞車，惟因當時車後四十公尺處正有一輛大巴士緊隨，若將煞車全部踩死，則隨後車輛必將撞上，而上訴人亦將不免，肇事乘客之後果亦不堪想像。

綜上四點所陳，用特繕紋狀請　鈞院鑒核，迅予撤銷原判決，並為上訴人無罪之判決，以符法紀，而免冤抑。

　　　　　謹狀
臺灣高等法院刑事庭公鑒
中華民國○○年○○月○○日

　　　　　　　　　　　　　具狀人：楊○龍

◎刑事上訴狀——妨害自由

案　號：○○年度上易字第□□□□號

股　別：○股

上訴人（亦即被告）：張○成

　　　　　　戶籍地址：台北市○○區○○○路○○○號○樓

為不服臺灣高等法院「妨害自由」案第二審之判決，依法提起上訴事！

　　本案原判決認定上訴人張○成，因被害人李四欠其債款迄未償還，且避不見面，經探悉被害人在○○市經營水果生意，乃於○○年○月○日下午夥同王○○及陳○○（已判決確定）三人，乘轎車由○○市前來○○市向被害人討索。翌日上午約於○時於○○市○○市場遇見被害人，上訴等三人即將被害人圍住，將其狹持至市場內轎車處，被害人不願上車，上訴人逐將其毆傷，並強挾持進車內，並開往○○市，剝奪被害人行動自由。於車上，上訴人又將被害人身上壹萬元新台幣搜走。後車行至○○市乃折返迫被害人書寫土地買賣契約書。車回○○市後，將被害人載往○○市○○路○○巷○號○樓，命不詳姓名三人看守被害人，延至當日下午○時，始囑被害人不得報警，否則予以殺害，始予釋放。因而撤銷原判決，論處上訴人共同以非法剝奪人之行動自由罪，科刑有期徒刑三月。

　　惟查，第三審法院不得諭知較重於原審判決之行，但因原審判決適用法條不當而撤銷者不在此限，刑事訴訟法第 370 條定有明

文。本件第一審預知上訴人有期徒刑二月，原判決改為有期徒刑三月，既較第一審為重，又未列明理由，已屬理由不備。為此依據刑事訴訟法第 379 條 14 款，依法提請上訴，狀請　鈞院鑒核，賜撤銷原審判決，更為適法之判決，已明法治，而保權益，是所致禱！。

　　　　謹狀

臺灣高等法院　刑事庭　轉呈

臺灣最高法院　公鑒

中華民國○○年○○月○○日

　　　　　　　　　　具狀人：張○成

◎刑事上訴狀——妨害自由

案　號：○○年度上易字第□□□□號

股別：○股

上訴人（亦即被告）：李○全
　　　　　　戶籍地址：○○市○○區○○○路○○○號○樓

為不服臺灣○○地方法院「妨害自由」案之判決，依法提起上訴事！

　　緣，上訴人李○全被訴妨害自由一案，於本年○月○日接奉臺灣○○地方法院ＸＸ字ＸＸＸ號刑事判決，其主文謂「張○全以非法方法剝奪人之行動自由觸犯妨害自由之犯罪，處有期徒刑四月。」。上訴人對於上開判決，實難甘服，爰於法定期間內聲明上訴，謹將理由陳述於後：

　　查，上訴人李○全於○○年○月○日晚駕駛○○○○號計程車，於○○市○○路○段搭載乘客張○○至○○路○○巷附近，因計費表發生故障，與乘客發生車資爭執，擬載其至○○市警察局○○分局處理，車行不到二百公尺至○○加油站附近時，因張○○於車上大聲叫罵，上訴人恐路人誤會乃即停車開門任其下車；詎張○○卻控上訴人以妨害自由，原審竟不查本案發生糾紛之原因事實，僅憑張○○之指控，而為判決，自難以昭折服。

　　查，由○○路○○巷附近至○○警察分局，全程不過三、四百公尺，全係十六米之寬敞二線大道，二旁高樓林立，全係商店住戶，

路上鎂光燈通明，車水馬龍，熱鬧非凡，○○加油站即在該二線大道之旁，原審卻將通明之二線大道，謂為黑暗地點，顯與事實不符，不無故入人罪之嫌。

次查，本案之發生，純因車資之糾紛「上訴人欲與乘客同至○○分局尋求解決之道，因張○○在車上大聲叫喚而開門任其下車，在時間上言，祇不過一、二分鐘，路程亦不過一百多公尺，而謂上訴人在此短暫之時間內及路程上能剝奪他人之自由，實嫌速斷。」

上訴人為職業司機，家有妻室及一子二女，全家五口之眾，長男李○○正服役在營，長女李○○現於貿易公司任職，收入僅足數其自用，其餘均為在學之學生，生活端賴上訴人個人收入以資維持，困苦之情，不難想見，謹附上戶口名簿影本一件（見證物一）抑祈鑒核，准將原判決撤銷，諭知無罪之判決；如鈞院仍認上訴人不無罪嫌，懇請宣告緩刑，或變更法條改依刑法第 304 條之規定易為罰金，以勵自新，不勝感禱。

　　　謹狀
臺灣○○地方法院　刑事庭　轉呈
臺灣高等法院刑事庭公鑒
中華民國○○年○○月○○日
　　　　　　　　　　　　　　具狀人：李○全

◎刑事上訴狀——毒品

案　號：○○年度上易字第□□□□號
股　別：○股

上訴人（亦即被告配偶）：張三
　　　　　　戶籍地址：○○市○○區○○○路○○○號○樓

為就高乙被訴違反麻醉藥品管理條例案件，不服臺灣○○地方法院民國○○年○月○日○○年度○字第○○號判決，依法提起獨立上訴事！

　　查上訴人之夫李四（見證物一）被訴違反麻醉藥品管理條例，業經臺灣○○地方法院判決，處刑二年六月。惟上訴人之夫線因胃疾住院治療中（見證物二），獨立上訴人爰依刑事訴訟法第三百四十五條規定，為被告利益，提起獨立上訴，並陳述理由如後：

　　第一審認定被告李四幫助製造麻醉藥品，主要理由係謂：上訴人之夫於○○年○月○日自○○地方法院檢察署保釋返回○○市住處，案外人鄭、李二人向李四承租房舍，明知鄭、李二人租屋係為製造安非他命之用，仍予答應。並於李、鄭二人誌季完成之後，幫助在機器上放置空器等物，案經調查局查獲，並扣押安非他命成品六千六百支，及空瓶一萬六千四百九十七瓶及其他製造機器、物品多件，惟查上訴人之夫與李、鄭二人素不相識，所謂放至空瓶一僅此二次，上訴人之夫並不知該二人係製造安非他命禁藥，李、鄭二人亦曾告稱，係製造口服液，向某藥廠轉包之生意，以上訴人之

夫向極忠厚老實之本性，視字本無多，更煌論醫藥方面知識，逐不疑有它。

　　按刑法幫助犯之成立，係以幫助犯罪之意思，從事犯罪構成要件以外之行為始克成罪。原審僅以被告自認曾幫忙過一次，及遽而論以幫助犯，實為速斷。為此依刑事訴訟法第三百四十五條規定，狀請　鈞院鑒核，迅速改為被告無罪之判決，免致冤抑，而保人權。

證物一：戶籍謄本乙份。

證物二：診斷證明書影本乙份。

　　　　　　謹狀

臺灣○○地方法院　刑事庭　轉呈

臺灣高等法院　刑事庭　公鑒

中華民國○○年○○月○○日

　　　　　　　　　　　　　具狀人：張三

◎刑事上訴理由狀──背信

案　號：○○年度上易字第□□□□號
股　別：○股

上訴人（亦即被告）：劉○大
　　　　　　戶籍地址：○○市○○區○○○路○○○號○樓

為被告因背信案件，不服台灣高等法院刑事判決，經依法聲明上訴，茲再補呈上訴理由事！

緣，審認定上訴人即被告劉○大，於民國○○年○月○日在○○市○○路○○冷飲店向自訴人李○○（已故，由其妻王○○承受訴訟）表示其已籌妥資金新臺幣（下同）一千萬元，生產無煙無臭液化燃料，籌組○○化學工業股份有限公司（下稱○○公司）請陳○○擔任名義上之董事長並承諾在陳○○擔任董事任內不開存款不足之支票，經陳七應允後，任命被告為該公司總經理代行陳○○之職務，詎被告竟自○○年○月至○月間，基於損害陳○○利益之慨括犯意，以○○公司名義先後簽發○○商業銀行○○分行無存款及存款不足之支票共二十八張，均經執票人提示不獲支付，致遭法院判處陳○○違反票據法罪刑等情，因而撤銷第一審就此部分諭知被告無罪之判決，改判被告背信罪刑，固非無見。惟查刑法第342條之背信罪，係已受他人委任為他人處理事務，意圖損害本人之利益而為違背其任務之行為，致生損害於其本人，為其成立要件。原審既認定陳○○係受被告之邀請，而擔任公司名義上之董事長，而

陳○○非但未對公司有分聞之投資，反因承諾擔任此項職務而受領公司股權百分之十乾股支酬勞，乃自訴人之陳○○不爭之事實，由此可見，陳○○不過受公司之形式上選任而擔任名義上之董事長，則其委任為公司總經理，自係本於公司董事長之職權為之，其委任人應屬公司，而非陳○○私人，故被告雖有違背與陳○○私人約定，而簽發存款不足之支票，致其遭受損害，亦僅屬私法上之違約行為，並非違背其私人之委任任務，自與背信罪之成立要件不符，原判決未詳審酌，遽予論以背信罪刑，難謂無適用法則不當之違法。狀請　鈞院鑒核，賜將原審判決撤銷，而發回更審，庶符法治是禱。

　　　　　謹狀
臺灣高等法院　刑事庭　轉呈
最高法院公鑒
中華民國○○年○○月○○日

　　　　　　　　　　　　　具狀人：劉○大

◎刑事上訴狀——偽造文書

案　號：○○年度上易字第□□□□號
股　別：○股

上訴人：吳○○
　　　　戶籍地址：○○市○○區○○○路○○○號○樓

為不服判決，依法提起上訴事！

　　緣上訴人被訴偽造文書等一案，前經○○地方法院以○○年○字第○○號刑事判決，判處有期徒刑六月。上訴人不服原判，依法提起上訴，業經臺灣高等法院以○○年○○字第○○號刑事判決，其主文開：「原判決關於吳○○部份撤銷。吳○○共同行使偽造文書以生損害於他人，處有期徒刑五月。」等情，上訴人於本年四月十一日收受上開判決，閱讀之後，仍難甘服，茲於法定期間內，提起上訴，並敘明理由如下：

　　按原審改判上訴人有期徒刑五月，無非以上訴人在警訊及偵審中供承不諱，有共同行使偽造私文書之罪嫌，惟上訴人係工人，對於法律利害關係常識欠缺，前往警察分局應訊時，刑警早已作好筆錄祇命簽名捺印，俟到偵審法庭已無辯解餘地，而實際上上訴人事先並不知同案被告李○○有行竊存摺及印章行為，其領去存款亦係被李○○利用，其謂不識字，不會寫，故託上訴人代寫取款單加蓋由其單獨去由領款，而與認定事實有不符，原審對上訴人犯罪事實及有利之證據應告知而未告知，又未傳訊同案被告到庭對質，尚有

未盡調查之能事，仍予認定上訴人與李乙有共同行使偽造私文書罪嫌，遽予判處有期徒刑伍月，其判決當然為違背法令，難以甘服。

　　鈞院鑒核，准將判決撤銷，發回更審，俾得昭雪。

　　　　　謹狀

臺灣高等法院　刑事庭　轉呈

最高法院　刑事庭　公鑒

中華民國○○年○○月○○日

　　　　　　　　　　　　　　　具狀人：吳○○

◎刑事上訴狀——詐欺

案　號：○○年度上易字第□□□□號
股　別：○股

上訴人（亦即自訴人）：吳○中
　　　　　　戶籍地址：○○市○○區○○○路○○○號○樓
被告人：郭○全
　　　　　　戶籍地址：○○市○○區○○○路○○○號○樓

為不服臺灣○○地方法院○○年度○字第○○號刑事判決，依法提出上訴事！

　　緣，上訴人於○○年○月○日接到臺灣○○地方法院○○年度○字第○○號刑事判決，細閱理由，實難甘服，爰於法定期間內聲明上訴，茲將不服理由陳述如下：

　　緣上訴人於○○年○月○日向案外人○○建設企業有限公司（以下簡稱○○公司）法定代理人郭○全購買座落○○市○○路○○地號即○○市○○里○○新村門牌第○○號三層樓房乙棟及基地、房地價款共計為新臺幣壹佰貳拾肆萬貳仟元，已全部交清○○公司並於○○年○月○日將該房屋及基地點交上訴人再案。

　　上開基地地主及被告王五於○○年○月○日與○○公司負責人郭○全訂立協議書，約定○○公司將地價款付清後王○○應無條件上開房屋及基地過戶與告訴人，○○公司早已將該批土地地價款付清，有協議書證明書及郭○全可以證明。王○○當時既已向郭○

全收清價金，土地名義為伊所有，自應照協議書上開基地過戶與上訴人，而任由郭○全轉讓與趙○○，且將他人名下之地上房屋也一併處分，具見被告應負詐欺罪責。而陳○○係王○○之夫，為實際上處理事務之人，其證言自有偏，原審未傳訊郭○全到庭說明，並審就被告有無處分地上房屋之權限，徒以陳○○、趙○○及土地登記簿為其判決依據，殊屬違法，為此狀請　鈞院鑒核，賜准將原判決撤銷，並為適當之判決，治乙被告應得之罪，以懲不法，至感德便。

　　　　　　謹狀
臺灣○○地方法院　刑事庭　轉呈
臺灣高等法院　刑事庭　公鑒
中華民國○○年○○月○○日

　　　　　　　　　　　　　　具狀人：吳○中

◎刑事上訴狀──累犯

案　號：○○年度上易字第□□□□號
股　別：○股

上訴人（亦即被告人）：陳○保
　　　　　　　戶籍地址：○○市○○區○○○路○○○號○樓

為不服臺灣○○地方法院○○年度○字第○○號刑事判決，依法提起上訴事！

　　查刑法第 47 條之所謂累犯者，係指受有期徒刑之執行完畢或無期徒刑或有期徒刑一部之執行，而赦免後五年內再犯有期徒刑以上之罪者為限，如曾犯專科罰金或拘役者，於執行完畢後五年內再犯有期徒刑之罪，自不發生累犯加重其刑之問題，此由條文之為義，極至明顯。案上訴人前雖因犯侵占遺失物罪，經臺灣○○地方法院判處罰金三百元，因均已執行完畢後尚未逾五年，又在犯本件罪行，然顯非受執行徒刑以上之罪，依上開說明，自無刑法第 47 條加重其刑至 1/3 之適用，原判決未察及此點，竟依累犯之例如重其刑論斷，自屬違誤，為此提起上訴，狀請　鈞院鑒核，賜撤銷原判決，更為適法之判決，以明法治是禱。

　　　　　　謹狀
臺灣○○地方法院　刑事庭　轉呈
臺灣高等法院　刑事庭　公鑒
中華民國○○年○○月○○日

　　　　　　　　　　　　　　　　具狀人：陳○保

◎刑事上訴理由狀──傷害

案　號：○○年度上易字第□□□□號

股　別：○股

上訴人（亦即被告人）：張三

戶籍地址：○○市○○區○○○路○○○號○樓

為不服傷害判決依法提出上訴理由事！

查，本案已於法定期間內提起上訴，茲捕陳理由如下：

緣原判決認定：「張三於○○年○月○日下午一時許，在○○市自宅，因被害人李四要索收據，而發生爭吵，繼而相互拉扯，其為擺脫李四之糾纏竟用腳向李四腹部蹬去，至使腹部出血……云云，而其所憑之證據方法為「陳七證述」及「張三之供證」、「診斷證明書」，並引用刑法第 277 條第 1 項判決如主文所示之罪。惟：

一、查「無證據能力，未經合法調查，顯與事實有違或與認定事實不符之證據，不得作為裁判之依據。」刑事訴訟法第 155 條第 2 項訂有明文，本案兩造間因收據事發生口角，繼而雙方互扭於沙發上之事實，為告訴人所不爭，即兩造扭在沙發上，上訴人絕無法有空間用腳向李四蹬腹部之理。原判決之認定顯與事實不符，且證人陳七亦無證明上訴人以腳蹬李四（請參閱陳七之證詞）。

二、次查，李四之診斷證明書係私人醫院出具，無證據能力。況該診斷證明書亦未記載腹部出血係因被人用腳蹬去所致。該診斷證明書上之病況與本案無關，顯而易見。

　　綜上所陳各節依首開說明，原判決無理由，為此依法狀請　鈞院鑒核，並賜撤銷原判決，諭之無罪之判決，以免冤抑，是所致禱！

　　　　　　謹狀

臺灣○○地方法院　刑事庭　轉呈

臺灣高等地方法院　刑事庭　公鑒

中華民國○○年○○月○○日

　　　　　　　　　　　　　　　　具狀人：張三

◎刑事上訴狀──搶劫

案　號：○○年度上易字第□□□□號

股　別：○股

上訴人（亦即被告法定代理人）：張三

　　　　　戶籍地址：○○市○○區○○○路○○○號○樓

為就張四被訴同王五、陳七共同結夥搶劫，不服○○地方法院判決，依法提起獨立上訴事！

　　緣上訴人之子張四被訴共同搶劫，頃接奉鈞院○○年○字第○○號判決，處被告張四無期徒刑。按被告係民國五十年○月出生，現年十八足歲，依法為限制行為能力人，刑事訴訟法第三百四十五條規定，被告之法定代理人得為被告利益提起獨立上訴（見證物一）。合此先予說明。

　　按當事人或其辯護人聲請調查之證據，若於證明事實確有重要關係，非不易或不能調查者，為明瞭案情起見，應予調查，否則即為審判期日應行調查之證據未予調查之違法。本案被告張四不惟始終否認有夥同王、陳二人搶劫李鵬財務情事，且一再辯稱，當晚係在工廠看電視，有工人曾八（住○○市○○路○○號）可證，且曾具狀聲請傳訊該證人（見原卷第三五頁），此項請求調查之證據，與待證事實關係極大，且非不易或不能調查。乃原審竟置之不理，僅憑檢察官一面之詞即認定被告張四係搶劫共犯。原判決之不當及違法，實至屬顯明。為此狀請　鈞院鑒核，迅予撤銷原判決，傳

訊不在場證人曾八到案，改為被告無罪之判決，以免冤抑，而障人權。

證人：曾八：住○○市○○路○○號。

證物：戶籍謄本乙份。

謹狀

臺灣○○地方法院　刑事庭　轉呈

臺灣高等法院臺南分院　刑事庭　公鑒

中華民國○○年○○月○○日

具狀人：張三

◎刑事上訴理由狀──結夥搶劫

案　號：○○年度上易字第□□□□號

股　別：○股

上訴人（亦即被告人）：朱○明

　　　　　　戶籍地址：○○市○○區○○○路○○○號○樓

為因結夥搶劫案，不服臺灣高等法院○○年度○字第○○號刑事判決，經聲明上訴在卷，謹再補呈上訴理由事！

一、原審判決未盡調查證據之能事：

　　按「依本法應於審判日期調查之證據而未予調查者，其判決當然為違背法令。」刑事訴訟法第 379 條第 10 款明文。本件原審判決維持第一審論處上訴人連續結夥搶劫罪刑之判決，雖非無見，惟查原審判決所附犯罪事實一覽表所列第一次、第二次、第七次各搶劫新臺幣壹千參佰元、參佰元、壹佰捌拾元部分，並無被害人報案，又無贓物查獲，其犯罪行為之實施及態樣如何，是否已至使不能抗拒而取他人之物或使其交付之程度，事實殊欠明瞭，原審未經詳查審認，遽行判決，自有應於審判期日調查之證據未予調查之違法。

二、原審判決採證為被證據法則：

　　次按稱判決違背法令者，指不適用法則或適用不當者而言，日法則，不以實體法為限，即程序法上之法則亦包括在內，而程序法

上之法則,則包括證據法則。本件上訴人於檢察官偵查中供稱:李
○○、陳○○如何向他人要錢,伊併不知道(見○○年度少偵字第
○○卷第五頁),原審判決理由內謂上訴人已在偵查中坦承不諱,
亦與其所採用之證據不相適合,即屬證據上之理由矛盾。

三、原審判決適用法則不當:

　　再按稱判決違背法令,包括適用法則不當在內,已如前述。查
未滿十八歲人犯罪,而其本刑為死刑或無期徒刑者,依刑法第 63 條
第 1 項規定,必須減輕其刑,審判上並無裁量之餘地,因而同法第
18 條第 2 項之規定,於此無其適用,上訴人所犯之罪,其本刑既
係唯一死刑,犯罪時又尚未滿十八歲,自應先依刑法第 63 條第 1
項,第 64 條第 2 項規定減輕後,再適用同法第 59 條遞減其刑,方
為適法,乃原審判決不依此項規定,竟引用同法第 18 條第 2 項為
遞減其刑之根據,亦屬違誤。

　　綜上所陳,原審判決顯屬違背法令,為此狀請　鈞院鑒核,賜
撤銷原判發回更審,以明法治是禱。

　　　　　　謹狀
臺灣高等法院　刑事庭　轉呈
最高法院　公鑒
中華民國○○年○○月○○日

　　　　　　　　　　　　　　　具狀人:朱○明

◎刑事上訴狀──請求刑之酌科

案　號：○○年度上易字第□□□□號

股　別：○股

上訴人（亦即自訴人）：鄧○水

　　　　　　戶籍地址：○○市○○區○○○路○○○號○樓

被告人：李○木

　　　　　　戶籍地址：○○市○○區○○○路○○○號○樓

為不服臺灣○○地方法院○○年度○字第○○號刑事判決，依法提起上訴事！

　　案犯罪之動機與刑法第59條犯罪之情狀可以憫恕者迥然不同。所謂犯罪情狀可資憫恕，係指基於社會一般客觀上之觀察，其犯罪情狀，足以引起憐憫者而言。而犯罪之動機係犯罪意念發動之情形。本件原判決認定被告李○○係不良幫派份子，曾有妨害兵役、恐嚇取財前科。民國○○年○月○日復在○○市○○路以獵槍將上訴人射傷，於畏罪逃亡中，即○○年○月○日與王○○，陳○○結夥以手槍三把，於同月○日晚九時五十分許三人乘車進入雕刻木器廠以暴力劫取財物明分等情。似此怙惡不悛，情節可否憫恕，饒有推求之餘地，原判決謂其係因逃亡走投無路而犯罪，情上可憫酌減其刑。但走投無路是乃犯罪動機，則其據以酌減揆諸前開說明，洵存未當，為此狀請　鈞

院鑒核，賜撤銷原判決，更為適法之判決，以昭炯戒而明法治
是禱。

　　　　　　　謹狀
臺灣○○地方法院　刑事庭　轉呈
臺灣高等法院　刑事庭　公鑒
中華民國　○○年　○○月　○○日

　　　　　　　　　　　　　　具狀人：鄧○水

◎刑事上訴理由狀──竊盜

案　號：○○年度上易字第□□□□號

股　別：○股

上訴人（亦即被告人）：謝○木

　　　　　　戶籍地址：○○市○○區○○○路○○○號○樓

為不服臺灣高等法院○○年度○字第○○號刑事判決，已於法定期間內聲明上訴，茲再補提上訴理中：

　　一、按刑法中之所稱結夥三人，若其中一人僅為教唆犯或為前從犯，均不算人結夥三人之內，最高法院民刑庭總會 23 年 3 月 19 日著有決議記錄。又刑法第 321 條第 1 項第 4 款所稱結夥三人係指實施中之共犯確有三人者而言，若其中一人僅為教唆犯即不能算入結夥三人之內，最高法院 23 年上字第 2752 號並著有判例。被告謝○木在○○年少年偵字第○○號偵查卷第八頁第四、五行供稱：「李○○等三人偷竊都是利用機會偷，詳細我不清楚……」另被告王○○在同卷第十四頁反面第七、八行供稱：「是於本○年○月間與李○○、陳○○等人共同利用星期日加班之際乘機竊取……」另被告李○○亦在同卷第十九頁第七行供稱：「偷竊材料是我們偷的人的意思」，其口供倆相符合。可見謝○木與盜犯王○○等不但意連絡，行為亦無共同，連事前幫助或教唆均闕如，揆諸前開判例及決議紀錄，當不能算入結夥三人之內，縱令有事前幫助或教唆亦同。原判決不察，牽強附會，誤解為共謀共同正犯，尚勉強將被告甲拉入結夥三人之內，不無刑事訴訟法 378 條判決適用法則不當之違法。

二、查原判決由欄第二末段雖云：「被告等雖以警訊曾受刑求為辯，惟據證人即訊問被告等之刑警陳○○、李○○一致結證警訊筆錄係完全照被告等陳述而記載，絕無刑求情事，是被告等所辯警訊時所供乃刑求之結果云云，不足採信」但施刑求之刑警豈敢承認有加刑求迫供！如此論法不無違反常理違背經驗法則。查被告謝○木因耐不住皮肉之苦又被刑警誘騙云：「您已有進出貨登記簿可證明沒有偷，在筆錄簽押亦沒有關係沒有事情的。」故刑警之偵訊筆錄簽押，但該自白與事實不符。按被告謝○木管理其所經營○○有限公司有條有，置有進貨日記簿、出貨分類登記簿、進貨單據、送貨單（即銷貨憑證），進多少材料、造出多少器材、剩下多少材料，俱有該進銷貨帳簿及單據可稽並可資核對。而依該簿所載除被扣押後交給自訴人之儀器材料外，被告工廠裡剩下之材料數量與該簿載者相符，可證明被告謝○木與本件竊案無關，即可證明謝○木被迫供之自白與事實不符。第一、二審法院對被告如上主張及再三請求履勘被告工廠及核對所提出之帳簿、單據均置若罔聞。原判決顯有刑事訴訟法第 379 條第 10 款應於審判期日調查之證據未予調查之違背法令情事。

三、綜右所陳，原審法院事用法均有不當，為此懇請　鈞院詳查，賜准撤銷原判俾發回原更為審判，以期適法。

　　　　　　謹狀
臺灣高等法院　刑事庭　轉呈
最高法院　刑事庭　公鑒
中華民國○○年○○月○○日

　　　　　　　　　　　　具狀人：謝○木

刑事答辯狀

◎刑事答辯狀──過失致死

案　號：○○年度上易字第□□□□號

股　別：○股

答辯人：周○杰

　　　　戶籍地址：○○市○○區○○○路○○○號○樓

為○○年度○字第○○號過失致死案件，依法提出答辯事！

　　緣，自訴意旨以被告張三於本年○月○日將其機車借與無駕駛執照之被告李○○，李○○駕駛該機車，疏於注意，竟與自訴人之子王○○相撞，至王○○死亡。按無駕駛執照不得駕駛車輛，被告周○杰將其機車借與李○○，應注意，並能注意，其有無駕駛執照，乃竟疏於注意，將機車借與李○○，以致李○○過失致將王○○撞死，其不免於過失致死於死罪責云云。惟查本件被告固將機車借與李○○，然而被告將機車借與無照駕駛之李○○，依一般觀念，未必一定發生車禍，與王○○之死亡顯無相當因果關係；且所謂過失，應就構成要件之行為，加以衡量，若就構成要件外之刑為衡量過失，殊欠妥當。本件被告並非肇禍之行為人，對於車禍之發生是

否應注意，能注意，而不注意，根本無考量之餘地，如加以處理，不免有違刑事責任在處罰行為人之本質，故被告之行為，充其量亦僅違反道路交通法規而已，核與刑法上過失致死罪責顯不相當。為此不得已提出答辯，狀請　鈞院鑒核，賜為被告無罪判決之諭知，以明法治。

　　　　　　謹狀

臺灣○○地方法院　刑事庭　公鑒呈

中華民國○○年○○月○○日

　　　　　　　　　　　　　　　　具狀人：周○杰

◎刑事答辯狀──公共危險

案　號：○○年度上易字第□□□□號
股　別：○股

答辯人（亦即被告人）：陳○傑
　　　　　　戶籍地址：○○市○○區○○○路○○○號○樓

為就公共危險案，依法提出答辯事！

　　按刑法第 173 條第 1 項之放火罪，係以放火燒燬現供人使用之住宅或建築物等，既係現供人使用或現有人所在，依同常情形，往往因放火結果遭受意外之危害，為保護公共安全起見，特為加重之規定，故該條項所稱之人當然係指放火人犯以外人而言，如果前項住宅或建築物即為放火犯自行使用或祇有該犯在內，則其使用或所在之人已明知放火行為，並不致遭受何種意外危害，自不能適用該條項處斷，本件被告與告訴人李○○共同經營傢俱製造及批發工廠，因對經營之方針意見不合，被告一時不智，認為已無共同經營之必要，逐將工廠放火燒掉，不料竟因此而波及周圍數家住宅，固屬實在，惟上訴人放火動機，僅以燒燬自住草屋為已足，狹及鄰居殊非上訴人之故意，係此種情節，僅可認為放火燒燬自己所有物，致生公共危險，適用刑法第 174 條第 2 項處斷。公訴意旨認為應依刑法第 173 條處斷，處以重刑，誠嫌出入，偉此依法提出答辯，祈請鈞院鑒核，賜念被告

一時之糊塗而無重大之惡意，賜卓已從輕量刑，以啟自新之道，不勝感禱。

　　　　　　謹狀

臺灣○○地方法院　刑事庭　公鑒

中華民國○○年○○月○○日

　　　　　　　　　　　　具狀人：陳○傑

◎刑事答辯狀——殺人

案　號：○○年度上易字第□□□□號
股　別：○股

答辯人（亦即被告人）：張三
　　　　　　戶籍地址：○○市○○區○○○路○○○號○樓

為○○年度○字第○○號殺人案件，依法提出答辯事！

　　緣公訴意旨以「被告張三與李四原係舊友，因李四在○○縣○○鄉○○路○號開設○○西餐廳，常有在內非法營業事情，張三乃於民國○○年○月○日下午許面勸李四要小心，張某懷疑張三向警局告發，逐與之發生口角，經友人勸開後，李四心猶未甘，即於是日晚間八時許，戴上皮手套，並持菜刀一把，至張三住宅，張三見其來勢洶洶，急從床上站起，李即扭住伊之頭髮，舉刀欲砍，張三見狀，為防衛自己，亦萌殺機，急在身旁桌上取得尖刀一把，向李四左胸部刺殺一刀，深達胸腔內臟，旋即不支倒地，經醫治無效而死亡」等情，請求論處被告殺人之罪行。惟查「對於現在不法之侵害，而出於防衛自己或他人權利之行為，不罰。」刑法第三十二條定有明文，而刑法上防衛行為，祇以基於排除現在不法侵害者為已足。防衛過當，指防衛行為，超越其防衛所必要之程度而言。而其防衛行為，是否超越必要之程度，須就實施之情節而為判斷。即應就不法侵害者之攻擊方法，與其緩及情勢，由客觀上審察防衛權利者之反擊行為是否出於必要以定之。本問係李四因懷疑被告將向警

局告發其非法營業，先與被告發生口角，嗣乃戴上手套，持菜刀至被告住處，一見被告，即扭住頭髮，舉刀欲砍，在此情勢下，能否即謂李四之攻擊方法已使被告立即發生生命之危險從而被告賭壯大驚，於急迫中，逐在其身旁桌上取得一尖刀，迅向李四反擊抵禦而刺殺其胸部一刀，係為對於現在之不法侵害，而出於防衛自己生命之必要行為，揆諸首開說明，被告之行為應屬不罰，為此不得已提出答辯，狀請　鈞院詳查，賜為被告無罪之判決，以明法治，而昭公平是禱。

　　　　　謹狀

臺灣○○地方法院　刑事庭　公鑒

中華民國○○年○○月○○日

　　　　　　　　　　　　　　　具狀人：張三

◎刑事答辯狀──收受賄賂

案　號：○○年度上易字第□□□□號
股　別：○股

答辯人（亦即被告人）：余○星
　　　　　　戶籍地址：○○市○○區○○○路○○○號○樓

為○○年度○字第○○號收受賄賂案件，依法提出答辯事！

　　緣，公訴意旨認為「被告身為○○警察局交通警察，於本年○月○日處理李○○違規停車案件時，竟像李○○表示如交款柒佰元即可通融云云，嗣經被害人趙○○指證歷歷，並經被害人將柒佰元鈔票號碼全數抄錄，報請憲兵在被告身上搜獲贓款」等情，而謂難免收受賄賂罪，惟查「收受賄賂罪之成立，以他人有行使賄賂之意思為前提，若他人所交付之款，並非本於行賄之意思，則其款及非賄賂，縱使收受亦不能成立收受賄賂罪」（最高法院 53 年臺上字第 742 號判例參考）。按被告與被害人本屬好友，當時辦理其違規停車一案時，適因被告欠款急用，基於私情，而商請期貸借湊用，詎其竟反解為被告要求期約，實令人深感意外，況被告當時亦有書立借據乙紙（見證物一），白紙黑字，實不容被害人任意曲解，起訴意指未經詳察，即逕行論以被告涉收受賄賂罪嫌，自有違誤，為此提起答辯，狀請　鈞院詳查，賜為被告無罪判決之諭知，是所至禱。

　　　謹狀

129

臺灣○○地方法院　刑事庭　公鑒
中華民國○○年○○月○○日

　　　　　　　　　　　　　　　具狀人：余○星

◎刑事答辯狀──妨害自由

案　號：○○年度上易字第□□□□號

股別：○股

答辯人（亦即被告）：李○順

戶籍地址：○○市○○區○○○路○○○號○樓

答辯人（亦即被告人）：李○水

戶籍地址：○○市○○區○○○路○○○號○樓

為涉嫌妨害自由案檢察官之上訴，依法提陳答辯事！

按檢察官上訴意旨，就被告妨害自由部分無非謂：被告如何恐嚇王○○，經王○○於偵查中指證歷歷，且經證人趙○○結證屬實；並謂陳○○、曾○○是否事後迴護之嫌，衡諸常情王○○要前去測量土地，影響到被告，其出於恐嚇之言，明其不許動，亦非不可能，原判諭知無罪不當，爰予上訴等情，惟：

按告訴人王○○雖於偵訊時稱：被告張○○、李○○對我說：「這塊土地是我的，你不能動，如果動我們就拿刀殺你」。經檢察官詢其當場有無人聽到？李○○答稱：趙○○、楊○○他們都有聽到等語。惟查察官詢楊○○有無聽到？答稱：「我沒有聽到」，又詢及你不是和趙○○一同去測量嗎？答稱：沒有。則王○○稱：楊○○在場聽到恐嚇之說與事實不符。

次按趙○○於原審庭訊時證稱：「……不過，我沒聽到李○順二人說要拿刀殺人」；加以其他在場的證人如陳○○、曾○○於原

審均證稱：「被告確未對王○○加以恐嚇之事」；因此，告訴人王○○於利害關係人對利地位所為片面誇張之虛詞與事實有間，殊難盡信，茲被告李○順、李○水堅決否認有恐嚇王○○之事，故所稱拿刀殺你乙節，純係虛構與事實不符。

　　再按檢察官上訴稱：「衡情被害人前去測量土地，影響到被告，出言恐嚇亦非不可能等語乙節。」查犯罪事實，應依證據認定之，法有明文。被告否認犯罪事實所持之辯解縱屬不能成立，仍非有積極證據足以證明其犯罪行為，不能遽以推測之詞為判斷依據（最高法院 60 年臺上字第 3081 號判決案例可稽）。

　　故，本件單憑告訴人抽象的聲稱有恐嚇之事亦非可採。檢察官以臆測之詞衡情或有恐嚇之事，而作推定，顯與實情有違，其之上訴，亦難謂洽，為此特予答辯。綜上所陳，今依刑事訴訟法具狀提陳答辯，狀請　鈞院明察賜予維持原審被告涉行妨害自由部分無罪之判決，是所致禱！

　　　　謹狀
臺灣高等法院　刑事庭　公鑒
中華民國○○年○○月○○日

　　　　　　　　　　　　　　　具狀人：李○順

◎刑事答辯狀——侵占

案　號：○○年度上易字第□□□□號
股　別：○股

答辯人（亦即被告人）：劉○偉
　　　　　　戶籍地址：○○市○○區○○○路○○○號○樓

為被訴侵占一案，依法提出答辯事！

　　查刑法上之侵占罪，以意圖為自己或第三人不法之所有而擅自處分自己持有之他人所有物，即變更持有人之意為不法所有之意為構成要件，若以自己或他人名義向人借貸，不能如數清償自係民事上為被履行契約問題，與侵占罪之構成要件不符。本件自訴意旨稱被告為其僱用之工讀生，因急用款項，於○○年○月○日受其囑咐，前往○○商行收取貨款新臺幣玖仟元，並同時將該貨款借與被告，言明借期為二個月，詎料屆期被告僅還參仟元，餘款皆遲不返還，顯有侵占之嫌云云，惟「按金錢或其他代替物因消費借貸契約，由當事人一方移轉所有權於他方者，他方雖負以種類品質數量相同之物返還之義務，但非帶所有權人保管原物，其事後延不返還，自係民事上違約問題侵占要件不符」（司法行政部42年3月12日42令刑字第1134號令參照），自訴人既願將所收之貨款充作為貸款借與被告使用，借貸契約即告成立，事後未予如數返還，僅在民事違約範圍而已，係自訴人完全藉以民事而利用自訴程序恐嚇被告，至

為明顯，為此提起答辯，狀請　鈞院詳查，賜為被告無罪之判決，
而保無辜，並止濫訟是禱。

　　　　　　　謹狀
臺灣○○地方法院　刑事庭　公鑒
中華民國○○年○○月○○日

　　　　　　　　　　　　　　　具狀人：劉○偉

◎刑事答辯狀──偽證

案　號：○○年度上易字第□□□□號

股　別：○股

答辯人（亦即被告人）：楊○○

　　　　　　戶籍地址：○○市○○區○○○路○○○號○樓

為○○年度○字第○○號偽證案件，依法提出答辯事！

　　按偽證罪之構成，以於執行審判職務之公署或以檢察官偵查時，對於案情有重要關係之事項，供前或供後具結，而為虛偽之陳述為要件，所謂虛偽之陳述，係指與案件之真實相悖，而足以陷偵查或審判於錯誤之危險者而言。若在此案之供證為屬真實，縱其後於其他案件所供與前此之供述不符，除在案件後所供述符合偽證罪之要件得另行依法辦理外，究不得遽指在前與實情相符之供證為偽證。本件被告於民○○年○月○日在臺灣○○地方法院檢察官偵查李○○告訴王○○恐嚇案件時，具結後固曾證稱「王○○未以強暴手段耍賴和解」「係李○○自己蓋的」各等語，但此等供證，究竟是否虛偽之陳述，實乃本案之關鍵。經查李○○告訴王○○恐嚇案件，早經臺灣○○地方法院檢察官認為無恐嚇之事處分不起訴，李○○聲請再議，亦經臺灣高等法院○○分院檢察長認為再議之聲請無理由，駁回確定在案。足徵被告前述之供證與案件之真實情節相符，縱令其後在其他案件之供述與前開證言不符，要係此等供述是否構成偽證罪之問題，究不得執以指前與事實相符之證言為偽證，

自訴人之自訴非有理由，為此依法提出答辯，狀請　鈞院鑒核，賜
無罪之判決，庶免冤抑是禱。

　　　　　　謹狀

臺灣○○地方法院　刑事庭　公鑒

中華民國○○年○○月○○日

　　　　　　　　　　　　　　　具狀人：楊○○

◎刑事答辯狀──共犯殺人

案　號：○○年度上易字第□□□□號

股　別：○股

答辯人（亦即被告人）：張三

戶籍地址：○○市○○區○○○路○○○號○樓

為○○年度○字第○○號殺人案件，依法提出答辯事！

　　查刑法第 28 條之共同正犯須行為人間，互有犯罪意思之連絡，並分擔犯罪之行為，始可構成，若行為人並無犯罪之連絡，則不成立共同之正犯，此乃由該條文文義之當然之解釋，且共同正犯，猶必以共同完成犯罪之意思為必要，即對於構成要件之全部須有共同完成之意思是也，例如事前並未合謀，實施行為犯罪之際，又係出於行為者獨立之意思，即不負共犯之責（最高法院 19 年上字第 694 號判例參看）。本件答辯人固與另依被告李○○於本年○月○日依同前往○○市○路○○號之被害人住宅行竊，惟亦僅此於行竊，此觀另被告李○○偵訊時亦稱：「當初我們說好，萬一事敗，就分別逃走。」（請見○○年○月○日　鈞院偵查庭筆錄），足見答辯人對於人殺人一事事前並未合謀，且亦未想到李○○竟於答辯人逃逸之後突然起意殺人。案被害人之死既係由李○○「單獨起意」，答辯人自不負共犯之責，乃　鈞院檢察署竟以答辯人共犯殺人罪，提起公訴，揆諸前開說明實有違誤，為此狀請　鈞院鑒核，賜念答

辯人年幼無知，誤蹈法網，又無殺人之犯意，而酌輕量刑，不勝
感禱。

　　　　　　謹狀

臺灣〇〇地方法院　刑事庭　公鑒

中華民國〇〇年〇〇月〇〇日

　　　　　　　　　　　　　　　　　具狀人：張三

◎刑事答辯狀──詐欺

案　號：○○年度上易字第□□□□號
股　別：○股

答辯人（亦即被告人）：邱○國
　　　　　　　戶籍地址：○○市○○區○○○路○○○號○樓

為就　鈞署○○年○字第○○號詐欺案件，依法提出答辯事！

　　緣，告訴人告訴意旨稱：被告邱○國於民國○○年○月○日，持有○○企業股份有限公司為發票人，票面金額為新臺幣貳拾萬元，到期日為○○年○月○日，票號為○○○之支票乙紙，向告訴人購買沙發二套，經屆期提示竟以早經列為拒絕往來戶而遭退票，被告顯有詐欺之情事云云。惟按詐欺罪之成立，要以加害者有不法取得財物之意思，實施詐欺行為，為被害者，因此行為致表意有所錯誤，而其結果為財產上之處分受其損害為構成要件，若債務人並無詐欺之意思，以他人之支票，作為買賣標的物付款之方法，到期故因未獲兌現，要屬普通民事債務糾葛問題，此為法理當然之解釋，蓋支票未予兌現，債權並不消滅，而買賣行為，係出於兩相自願意思之一致，何是詐欺，綜上所述，本件情節，與詐欺條件，顯然不合，為此提出答辯，狀請　鈞署詳查，酌情據法，而為不起訴處分，庶符法治是禱。

　　　　　　謹狀

臺灣○○地方法院　檢察署　公鑒

中華民國○○年○○月○○日

　　　　　　　　　　　　　　　具狀人：邱○國

◎刑事答辯狀──傷害

案　號：○○年度上易字第□□□□號

股　別：○股

答辯人（亦即被告人）：陳○中

　　　　　　戶籍地址：○○市○○區○○○路○○○號○樓

為被告人涉嫌傷害案件，依法提出答辯事！

　　緣，被告涉嫌傷害案件，經原審法院○○年度○字第○○號刑事判決，諭知不受理，而檢察官竟不服而上訴，訴其上訴理由略以：「……李女面部傷痕事後已經治癒，但被告以打碎之玻璃杯猛割李女面部，其本意即在毀人容顏，顯有使人致重傷之故意，原判決不詳加審，徒以林女面部傷痕已癒，即認被告係犯普通傷害，殊嫌率斷。」云云，究其實，被害人（即李○○）不僅未受重傷，且輕傷已治癒，已經審法院勘驗無誤，並為檢察官上訴狀所是認，就此點應毋庸再予置辯。惟就其據「被告以打碎之玻璃杯猛割李女面部，其本意即在毀人容顏」，藉以推定被告具有使人致重傷之故意，殊嫌不當並與事實相左，浩不得不加以申辯如後：

一、被害人受傷之部位，不能遽以認定被告具有重傷之故意：

　　按檢察官上訴狀稱：「被告因討回在李○○手中支票不遂，持打破之玻璃杯猛割李女面部，致李女面部多處受傷……，其本意即在毀人容顏，顯有使人致重傷之故意。」，惟查被告並未故

意以玻璃杯猛割被害人，實係基於正當防衛，而以玻璃杯擋被害人，致傷其臉部，後經原審法院勘驗，結果並無明顯之疤痕，故核為普通傷害，益證被告並無使被人致重傷之故意。再則，使人受重傷未遂與普通傷害之區別，應以加時有無致人重傷之故意為斷。至於被人受傷之部位以及加害人所用之兇器……，究不能據為絕對之標準（參見最高法院 55 年臺上字第 1703 號判列——證物一）

二、未發現相當證據，或證據不足以證明，不得推定被告具有重傷之故意；次按檢察官上狀：

被告以打碎之玻璃杯猛割李女面部，其本意即在毀人容顏，顯有使人致重傷之故意。此及本於原法院檢察署○○年○字第○號起訴書所稱：「……被告勒住脖頸專臉部，並追至房內續行毆打……（現場照片及證人王○○等證言），顯係意在毀容」之前提實而認定，惟依刑事訴訟法第 154 條規定，犯罪事實應依證據認定之，無證據不得推定其犯罪事實，如未發現相當證據，或證據不足以證明，自不能以推測擬制之方法，推定犯罪事實（參見最高法院 40 年臺上字第 86 號判例——證物二）。本案檢察官以被害人李○○之四位五親等內血親（王○○等）歪曲事實之證言，遽以推定被告有重傷害之故意，難免有所偏頗。

綜上所陳，被告既無重傷害之故意，亦無造成重傷害之結果，且被害人李○○於偵查中已具狀撤回告訴，為此依法狀請　鈞院鑒核，詳為調查，逕駁回檢查官之上訴，而維持原審之判決，庶免冤抑！

證物一：最高法院 55 年臺上字第 1703 號判例影本乙份。

證物二：最高法院 40 年臺上字第 86 號判例影本乙份。

謹狀

臺灣高等地方法院　刑事庭　公鑒

中華民國　○○年　○○月　○○日

具狀人：陳○中

抗告聲請狀

抗告程式摘要

抗告，乃為當事人或受裁定之非當事人，對於法院之裁定有不服者，直接向上級法院所提出之救濟。抗告法院認為抗告有理由者，應以裁定將原裁定撤銷；於有必要時，並自為裁定。

一、按刑事訴訟法第 406 條之規定，抗告期限應自送達裁定後十日內提出。抗告之提起應以抗告書狀敘述理由，提出於原審法院。但如羈押、具保、責付等之裁定，不符則可當庭提出。

二、抗告程序，由抗告人向原審法院提出告書狀，抗告書狀應附具理由。另外，抗告原則上並無停止執行之效力，但原審或抗告法院得裁定停止執行。

三、抗告之主體與上訴主體未必相同。故，依刑事訴訟法第 403 條之規定，抗告權人有「當事人」「證人」、「鑑定人」、「通譯」、及其他受裁定之非當事人。

四、抗告之效力，除有特別之規定，抗告應停止裁判之效力。但原審法院於抗告法院之裁定前，得以裁定停止執行與停止裁判之執行。

◎刑事聲請狀──違反票據法

案　號：

股　別：

聲起人（亦即被告人）：張三
　　　　戶籍地址：○○市○○區○○○路○○○號○樓

為被告違反票據法案件，對臺灣○○地方法院中華民國○○年月○日○○年度○字第○○號確定判決，聲請提起非常上事！

　　緣聲請人被訴違反票據法，經臺灣○○地方法院判處被告拘役五十九日，併科罰金六萬元，確定在案（見證物一），按刑事判決確定後，發現該案件認定事實，與所採證據，顯屬不符者，即屬違背法令，大法官會議第一四六號解釋有案。本件聲請人於○○年○月○日，簽發○○市○○銀行○○路分行，票號六八八四四號，面額新臺幣四萬元支票一張，經執票人於同年月○○日提示不獲支付，移由檢察官偵查起訴，其起訴書及原審判決均誤認被告所簽發者為新台幣四三四九五七元，因而判決被告拘役五十九日，併科罰金六萬元，查○○市票據交換所移送之退票記錄單確為新台幣四萬元（見證物二），乃原審未加注意，科處聲請人拘役及超額之罰金，即屬認定事實與所採用之證據不符，揆諸上開解釋，顯係違背法令，且對被告不利，爰具狀聲請　鈞長准予

調卷審核，依刑事訴訟法第四百四十一條規定提起非常上訴，俾資糾正。

　　　　　謹狀

最高法院　檢察長　公鑒

中華民國○○年○○月○○日

　　　　　　　　　　　　　具狀人：張三

◎刑事再審聲請狀——詐欺

聲起人（亦即被告）：鄧○○

　　　　戶籍地址：○○市○○區○○○路○○○號○樓

為就刑事詐欺案確定判決，因重要證物漏未審酌，致有違誤，依法提起再審事！

　　緣，聲起人（亦即被告）鄧○○，前因詐欺罪嫌經臺灣○○地方法院，以○○年度○字第○○號判決處有期徒刑三月確定在案。惟，就鈞院上述判決，其理由欄內，事實認定諸多違誤，重要證物漏未審酌；故，今依刑事訴訟法第 420 條規定，先具狀聲請再審，隨後補提再審理由狀。

　　鈞院鑒核，准予再開審判程序，以符法紀，而伸民冤，是所致禱！

　　　　　　謹狀

臺灣○○地方法院　刑事庭　公鑒

中華民國○○年○○月○○日

　　　　　　　　　　　　具狀人：鄧○○

◎刑事抗告狀——累犯

案　號：○○年度上易字第□□□□號
股　別：○股

抗告人（亦即被告）：張○順
　　　　　戶籍地址：○○市○○區○○○路○○○號○樓

為不服累犯之判決，依法提起抗告事！

　　按累犯之成立，以曾受有期徒刑之執行完畢，或受無期徒刑或有期徒刑一部之執行而赦免後，五年以內再犯有期徒刑以上之罪為要件。又假釋中更犯罪，受有期徒刑以上刑之宣告，祇得為撤銷假釋之原因，不適用累犯之規定。

　　查，本件抗告人（亦即被告）張○順，前犯詐欺等罪所處有期徒刑三年二月，經臺北監獄移送高雄監獄執行中，係於○○年○○月○○日假釋出獄，並非執行完畢，其假釋期滿日期應為同年○○月○○日，業經臺灣○○地方法院檢察署於原裁定確定後另向○○監獄查明在卷。查被告所犯本件違反票據法罪，其犯罪日期為○○年○○月○○日、○○、及○○月○○日，均在前案假釋期形內，亦即前案尚未執行完畢，自不生累犯問題。原裁定誤以○○年○○月○○日為前案執行完畢日期，據以更定累犯之刑，依首揭說明，自屬違法。為此依刑事訴訟法第 403 條第 1 項提起抗告，狀請鈞院鑒核，賜撤銷原判決，更為適法之裁定，以明法治是禱！

　　　　謹狀

臺灣〇〇地方法院　檢察署　公鑒

中華民國〇〇年〇〇月〇〇日

　　　　　　　　　　　　　具狀人：張〇順

再審與非常上訴

一、非常上訴為糾正確定案件之審判「違背法令」為其立法之精神,其目的在於統一法令之適用,而非針對個案為司法之救濟。再審則係對確定判決之「認定事實不當」,亦即判決之事實錯誤而為之救濟方法,換言之,乃期重新審判,撤銷或變更原判決之司法救濟程序。

二、再審之目的係針對個案之救濟措施,再審理由即為判斷有無再審,必要之依據,然此判斷仍需檢討該證據所要證明之消極是否存在,因此再審理由之審查,實亦具有認定犯罪事實之性質要唯排除無罪推定之法理的適用。

三、在審與非常上訴觀念上之不同:

1. 目的上再審係以認定事實錯誤而設之救濟程序。非常上訴則係以判決違背法令而設之救濟程序。

2. 管轄法院不同:前者以原審法院為管轄,後者以最高法院為管轄。

3. 程序不同:前者以通常言詞辯論為之,後者不經言詞辯論。

4. 原判決之效力:前者經再審即不存在,後者僅撤銷違背法令之部分。

5. 提起人不同:再審由檢察官,被告或代理人或配偶提起,非常上訴則由檢察總長提起。

四、再審與非常上訴其程式均為法律審，而非為實質審。其條文第二項第 2 款，原判決所憑之證言、鑑定或通譯已證明其為虛偽者，第 6 款明定因發現確實之新證據或新事實，單獨或許先前之證據，綜合判斷足認有罪判決之人，應受無罪、免訴、免刑，或輕於原判決所認罪名之判決者。

五、當然違背法令之摘要（379）：

刑事訴訟法第 379 條第 10 項，依法應於審判日期調查之證據，而未予調查者；同條第 14 項判決不載理由或所載理由矛盾者。

六、再審新事證之說明：

　1. 85 台抗 308 號判例（新證據之要件）

　　　新證據乃指證據於事實審法院判決前已存在，為法院當事人所不知，不及調查斟酌，至其後始行發現；且就證據本身形式上觀察，固不以絕對不須經過調查程序為條件，但必須顯可認定以推動原有罪確定決，而為受判決人無罪、免訴、免刑，或輕於所認罪之判決者為限。

　2. 83 台抗 515 號判例（證據之新規性）

　　　所謂發見新事證（據），包刮審判時未經注意之證據。其所謂未經注意就書證言，即指審判時雖已有文書存在，但法院未注意文書之意義與內容而言；判例中就抗告人聲請再審，除提出相關之文書外，並就原確定判決－如何未注意各該文書等意義與內容，一一敘明提陳，為何不採？原審判決未予說明，僅以該文書等早已存在，即謂該文書非新證據，而置其意義與內容不顧，顯屬違誤。

3. 72 年 9 月第 11 次刑庭決議：

再審所稱新證據之意義，係指該證據於事實審法院判決前已存在，當時未能援用審酌，至其後始行發見者而言，惟判決以後成立之文書，其內容係根據另一證據而做成，而該另一證據成立於事實審法院判決之前者、應認有新證據之存在；至於其是否確實及是否足以動搖原定判決，則屬事實之認定問題（文書之定義：舉凡特定意思之內容，而足以為意思表示證明之文字、錄音錄影等，均為刑法上之文書）。

七、非常上訴提起之程式

1. 非常上訴係對已確定之判決，已判決「違背法令」之理由，請求撤銷或變更原判決，或其訴訟程序之方法。所謂違背法令係指判決不適用法則或適用不當，即有第 379 條各款情形而言。

2. 非常上訴之提起：

A. 檢察官發見該案件審判違背法令者，應具意見書，並附卷宗及證物，送交最高檢察署檢察總長，聲請提起非常上訴。

B. 一般人民之聲請，須向最高法院檢察署檢察總長提出。

C. 非常上訴之提起，應以非常上訴書敘述理由，提呈最高法院。

八、再審聲請程式

再審乃有再審權之人，對「確定之判決」，以「認定事實不當」為理由，請求審之法院，重新審判，撤銷或變更原判決之救濟方式（420）。

1. 再審案件審理之特別規定：

　A. 言詞審理之例外（437）。

　B. 禁止不利益變更原則（439）。

　C. 再審諭知無罪判決之公示（440）。

2. 再審之法律程式，為有罪判決或於刑罰執行完畢後，均得聲請再審，並不受時限之限制，亦即於刑罰執行完畢後亦得為之。

法律、法規條文

- ·刑事訴訟法
- ·監獄行刑法
- ·行刑累進處遇條例

附錄 法律、法規條文

刑事訴訟法

（民國98年07月08日修正）

第一編 總則

第 一 章 法例

第 1 條 犯罪，非依本法或其他法律所定之訴訟程序，不得追訴、處罰。

現役軍人之犯罪，除犯軍法應受軍事裁判者外，仍應依本法規定追訴、處罰。

因受時間或地域之限制，依特別法所為之訴訟程序，於其原因消滅後，尚未判決確定者，應依本法追訴、處罰。

第 2 條 實施刑事訴訟程序之公務員，就該管案件，應於被告有利及不利之情形，一律注意。

被告得請求前項公務員，為有利於己之必要處分。

第 3 條 本法稱當事人者，謂檢察官、自訴人及被告。

第 二 章　　法院之管轄

第　4　條　　地方法院於刑事案件，有第一審管轄權。但左列
　　　　　　　案件，第一審管轄權屬於高等法院：
　　　　　　　一、內亂罪。
　　　　　　　二、外患罪。
　　　　　　　三、妨害國交罪。

第　5　條　　案件由犯罪地或被告之住所、居所或所在地之法
　　　　　　　院管轄。
　　　　　　　在中華民國領域外之中華民國船艦或航空機內犯
　　　　　　　罪者，船艦本籍地、航空機出發地或犯罪後停泊地之
　　　　　　　法院，亦有管轄權。

第　6　條　　數同級法院管轄之案件相牽連者，得合併由其中
　　　　　　　一法院管轄。
　　　　　　　前項情形，如各案件已繫屬於數法院者，經各該
　　　　　　　法院之同意，得以裁定將其案件移送於一法院合併審
　　　　　　　判之；有不同意者，由共同之直接上級法院裁定之。
　　　　　　　不同級法院管轄之案件相牽連者，得合併由其上
　　　　　　　級法院管轄。已繫屬於下級法院者，其上級法院得以
　　　　　　　裁定命其移送上級法院合併審判。但第七條第三款之
　　　　　　　情形，不在此限。

第　7　條　　有左列情形之一者，為相牽連之案件：
　　　　　　　一、一人犯數罪者。
　　　　　　　二、數人共犯一罪或數罪者。
　　　　　　　三、數人同時在同一處所各別犯罪者。

四、犯與本罪有關係之藏匿人犯、湮滅證據、偽
　　證、贓物各罪者。

第　8　條　同一案件繫屬於有管轄權之數法院者，由繫屬在
先之法院審判之。但經共同之直接上級法院裁定，亦
得由繫屬在後之法院審判。

第　9　條　有左列情形之一者，由直接上級法院以裁定指定
該案件之管轄法院：

一、數法院於管轄權有爭議者。

二、有管轄權之法院經確定裁判為無管轄權，而
　　無他法院管轄該案件者。

三、因管轄區域境界不明，致不能辨別有管轄權
　　之法院者。

案件不能依前項及第五條之規定，定其管轄法院
者，由最高法院以裁定指定管轄法院。

第　10　條　有左列情形之一者，由直接上級法院，以裁定將案
件移轉於其管轄區域內與原法院同級之他法院：

一、有管轄權之法院因法律或事實不能行使審判
　　權者。

二、因特別情形由有管轄權之法院審判，恐影響公
　　安或難期公平者。

直接上級法院不能行使審判權時，前項裁定由再上
級法院為之。

第　11　條　指定或移轉管轄由當事人聲請者，應以書狀敘述理
由向該管法院為之。

第　12　條　訴訟程序不因法院無管轄權而失效力。

第 13 條　　法院因發見真實之必要或遇有急迫情形時，得於
　　　　　　管轄區域外行其職務。

第 14 條　　法院雖無管轄權，如有急迫情形，應於其管轄區
　　　　　　域內為必要之處分。

第 15 條　　第六條所規定之案件，得由一檢察官合併偵查或
　　　　　　合併起訴；如該管他檢察官有不同意者，由共同之直接
　　　　　　上級法院首席檢察官或檢察長命令之。

第 16 條　　第十三條及第十四條之規定，於檢察官行偵查時
　　　　　　準用之。

第 三 章　　法院職員之迴避

第 17 條　　推事於該管案件有左列情形之一者，應自行迴避，
　　　　　　不得執行職務：

　　　　　　一、推事為被害人者。

　　　　　　二、推事現為或曾為被告或被害人之配偶、八親等
　　　　　　　　內之血親、五親等內之姻親或家長、家屬者。

　　　　　　三、推事與被告或被害人訂有婚約者。

　　　　　　四、推事現為或曾為被告或被害人之法定代理
　　　　　　　　人者。

　　　　　　五、推事曾為被告之代理人、辯護人、輔佐人或曾
　　　　　　　　為自訴人、附帶民事訴訟當事人之代理人、輔
　　　　　　　　佐人者。

　　　　　　六、推事曾為告訴人、告發人、證人或鑑定人者。

　　　　　　七、推事曾執行檢察官或司法警察官之職務者。

　　　　　　八、推事曾參與前審之裁判者。

第　18　條　　當事人遇有左列情形之一者，得聲請推事迴避：

一、推事有前條情形而不自行迴避者。

二、推事有前條以外情形，足認其執行職務有偏頗之虞者。

第　19　條　　前條第一款情形，不問訴訟程度如何，當事人得隨時聲請推事迴避。

前條第二款情形，如當事人已就該案件有所聲明或陳述後，不得聲請推事迴避。但聲請迴避之原因發生在後或知悉在後者，不在此限。

第　20　條　　聲請推事迴避，應以書狀舉其原因向推事所屬法院為之。但於審判期日或受訊問時，得以言詞為之。

聲請迴避之原因及前條第二項但書之事實，應釋明之。

被聲請迴避之推事，得提出意見書。

第　21　條　　推事迴避之聲請，由該推事所屬之法院以合議裁定之，其因不足法定人數不能合議者，由院長裁定之；如並不能由院長裁定者，由直接上級法院裁定之。

前項裁定，被聲請迴避之推事不得參與。

被聲請迴避之推事，以該聲請為有理由者，毋庸裁定，即應迴避。

第　22　條　　推事被聲請迴避者，除因急速處分或以第十八條第二款為理由者外，應即停止訴訟程序。

第　23　條　　聲請推事迴避經裁定駁回者，得提出抗告。

第　24　條　　該管聲請迴避之法院或院長，如認推事有應自行迴避之原因者，應依職權為迴避之裁定。

前項裁定，毋庸送達。

第 25 條　　本章關於推事迴避之規定，於法院書記官及通譯準用之。但不得以曾於下級法院執行書記官或通譯之職務，為迴避之原因。

　　　　　　法院書記官及通譯之迴避，由所屬法院院長裁定之。

第 26 條　　第十七條至第二十條及第二十四條關於推事迴避之規定，於檢察官及辦理檢察事務之書記官準用之。但不得以曾於下級法院執行檢察官、書記官或通譯之職務，為迴避之原因。

　　　　　　檢察官及前項書記官之迴避，應聲請所屬首席檢察官或檢察長核定之。

　　　　　　首席檢察官之迴避，應聲請直接上級法院首席檢察官或檢察長核定之；其檢察官僅有一人者亦同。

第　四　章　　辯護人、輔佐人及代理人

第 27 條　　被告得隨時選任辯護人。犯罪嫌疑人受司法警察官或司法警察調查者，亦同。

　　　　　　被告或犯罪嫌疑人之法定代理人、配偶、直系或三親等內旁系血親或家長、家屬，得獨立為被告或犯罪嫌疑人選任辯護人。

　　　　　　被告或犯罪嫌疑人因智能障礙無法為完全之陳述者，應通知前項之人得為被告或犯罪嫌疑人選任辯護人。但不能通知者，不在此限。

第 28 條　　每一被告選任辯護人，不得逾三人。

第 29 條　　辯護人應選任律師充之。但審判中經審判長許可者，亦得選任非律師為辯護人。

第 30 條　　選任辯護人，應提出委任書狀。

前項委任書狀，於起訴前應提出於檢察官或司法警察官；起訴後應於每審級提出於法院。

第 31 條　　最輕本刑為三年以上有期徒刑或高等法院管轄第一審案件或被告因智能障礙無法為完全之陳述，於審判中未經選任辯護人者，審判長應指定公設辯護人或律師為其辯護；其他審判案件，低收入戶被告未選任辯護人而聲請指定，或審判長認有必要者，亦同。

前項案件選任辯護人於審判期日無正當理由而不到庭者，審判長得指定公設辯護人。

被告有數人者，得指定一人辯護。但各被告之利害相反者，不在此限。

指定辯護人後，經選任律師為辯護人者，得將指定之辯護人撤銷。

被告因智能障礙無法為完全之陳述，於偵查中未經選任辯護人者，檢察官應指定律師為其辯護。

第二項至第四項之規定於前項之指定，準用之。

第 32 條　　被告有數辯護人者，送達文書應分別為之。

第 33 條　　辯護人於審判中得檢閱卷宗及證物並得抄錄或攝影。

無辯護人之被告於審判中得預納費用請求付與卷內筆錄之影本。但筆錄之內容與被告被訴事實無關或足以妨害另案之偵查，或涉及當事人或第三人之隱私或業務秘密者，法院得限制之。

第 34 條　　辯護人得接見犯罪嫌疑人及羈押之被告，並互通書信。但有事實足認其有湮滅、偽造、變造證據或勾串共犯或證人之虞者，得限制之。

第 35 條　　被告或自訴人之配偶、直系或三親等內旁系血親或家長、家屬或被告之法定代理人於起訴後，得向法院以書狀或於審判期日以言詞陳明為被告或自訴人之輔佐人。

　　　　　　輔佐人得為本法所定之訴訟行為，並得在法院陳述意見。但不得與被告或自訴人明示之意思相反。

　　　　　　被告或犯罪嫌疑人因智能障礙無法為完全之陳述者，應有第一項得為輔佐人之人或其委任之人或主管機關指派之社工人員為輔佐人陪同在場。但經合法通知無正當理由不到場者，不在此限。

第 36 條　　最重本刑為拘役或專科罰金之案件，被告於審判中或偵查中得委任代理人到場。但法院或檢察官認為必要時，仍得命本人到場。

第 37 條　　自訴人應委任代理人到場。但法院認為必要時，得命本人到場。

　　　　　　前項代理人應選任律師充之。

第 38 條　　第二十八條、第三十條、第三十二條及第三十三條之規定，於被告或自訴人之代理人準用之；第二十九條之規定，於被告之代理人並準用之。

第 五 章 文書

第 3 9 條　文書，由公務員制作者，應記載制作之年、月、日及其所屬機關，由制作人簽名。

第 4 0 條　公務員制作之文書，不得竄改或挖補；如有增加、刪除或附記者，應蓋章其上，並記明字數，其刪除處應留存字跡，俾得辨認。

第 4 1 條　訊問被告、自訴人、證人、鑑定人及通譯，應當場制作筆錄，記載左列事項：

一、對於受訊問人之訊問及其陳述。

二、證人、鑑定人或通譯如未具結者，其事由。

三、訊問之年、月、日及處所。

前項筆錄應向受訊問人朗讀或令其閱覽，詢以記載有無錯誤。

受訊問人請求將記載增、刪、變更者，應將其陳述附記於筆錄。

筆錄應命受訊問人緊接其記載之末行簽名、蓋章或按指印。

第 4 2 條　搜索、扣押及勘驗，應制作筆錄，記載實施之年、月、日及時間、處所並其他必要之事項。

扣押應於筆錄內詳記扣押物之名目，或制作目錄附後。

勘驗得制作圖畫或照片附於筆錄。

筆錄應令依本法命其在場之人簽名、蓋章或按指印。

第　43　條　　前二條筆錄應由在場之書記官製作之。其行訊問或搜索、扣押、勘驗之公務員應在筆錄內簽名；如無書記官在場，得由行訊問或搜索、扣押、勘驗之公務員親自或指定其他在場執行公務之人員製作筆錄。

第　43-1　條　　第四十一條、第四十二條之規定，於檢察事務官、司法警察官、司法警察行詢問、搜索、扣押時，準用之。

前項犯罪嫌疑人詢問筆錄之製作，應由行詢問以外之人為之。但因情況急迫或事實上之原因不能為之，而有全程錄音或錄影者，不在此限。

第　44　條　　審判期日應由書記官製作審判筆錄，記載下列事項及其他一切訴訟程序：

一、審判之法院及年、月、日。

二、法官、檢察官、書記官之官職、姓名及自訴人、被告或其代理人並辯護人、輔佐人、通譯之姓名。

三、被告不出庭者，其事由。

四、禁止公開者，其理由。

五、檢察官或自訴人關於起訴要旨之陳述。

六、辯論之要旨。

七、第四十一條第一項第一款及第二款所定之事項。但經審判長徵詢訴訟關係人之意見後，認為適當者，得僅記載其要旨。

八、當庭曾向被告宣讀或告以要旨之文書。

九、當庭曾示被告之證物。

一〇、當庭實施之扣押及勘驗。

一一、審判長命令記載及依訴訟關係人聲請許可
記載之事項。

一二、最後曾與被告陳述之機會。

一三、裁判之宣示。

受訊問人就前項筆錄中關於其陳述之部分，得請求
朗讀或交其閱覽，如請求將記載增、刪、變更者，應附
記其陳述。

第 44-1 條　　審判期日應全程錄音；必要時，並得全程錄影。

當事人、代理人、辯護人或輔佐人如認為審判筆錄
之記載有錯誤或遺漏者，得於次一期日前，其案件已辯
論終結者，得於辯論終結後七日內，聲請法院定期播放
審判期日錄音或錄影內容核對更正之。其經法院許可
者，亦得於法院指定之期間內，依據審判期日之錄音或
錄影內容，自行就有關被告、自訴人、證人、鑑定人或
通譯之訊問及其陳述之事項轉譯為文書提出於法院。

前項後段規定之文書，經書記官核對後，認為其記
載適當者，得作為審判筆錄之附錄，並準用第四十八條
之規定。

第 45 條　　審判筆錄，應於每次開庭後三日內整理之。

第 46 條　　審判筆錄應由審判長簽名；審判長有事故時，由資
深陪席推事簽名；獨任推事有事故時，僅由書記官簽
名；書記官有事故時，僅由審判長或推事簽名；並分
別附記其事由。

第 47 條　　審判期日之訴訟程序，專以審判筆錄為證。

第 4 8 條　　審判筆錄內引用附卷之文書或表示將該文書作為附錄者，其文書所記載之事項，與記載筆錄者，有同一之效力。

第 4 9 條　　辯護人經審判長許可，得於審判期日攜同速記到庭記錄。

第 5 0 條　　裁判應由推事制作裁判書。但不得抗告之裁定當庭宣示者，得僅命記載於筆錄。

第 5 1 條　　裁判書除依特別規定外，應記載受裁判人之姓名、性別、年齡、職業、住所或居所；如係判決書，並應記載檢察官或自訴人並代理人、辯護人之姓名。

　　　　　　裁判書之原本，應由為裁判之推事簽名；審判長有事故不能簽名者，由資深推事附記其事由；推事有事故者，由審判長附記其事由。

第 5 2 條　　裁判書或記載裁判之筆錄之正本，應由書記官依原本制作之，蓋用法院之印，並附記證明與原本無異字樣。

　　　　　　前項規定，於檢察官起訴書及不起訴處分書之正本準用之。

第 5 3 條　　文書由非公務員制作者，應記載年、月、日並簽名。其非自作者，應由本人簽名，不能簽名者，應使他人代書姓名，由本人蓋章或按指印。但代書之人，應附記其事由並簽名。

第 5 4 條　　關於訴訟之文書，法院應保存者，由書記官編為卷宗。

　　　　　　卷宗滅失案件之處理，另以法律定之。

第 六 章　　送達

第 5 5 條　　被告、自訴人、告訴人、附帶民事訴訟當事人、代理人、辯護人、輔佐人或被害人為接受文書之送達，應將其住所、居所或事務所向法院或檢察官陳明。被害人死亡者，由其配偶、子女或父母陳明之。如在法院所在地無住所、居所或事務所者，應陳明以在該地有住所、居所或事務所之人為送達代收人。

　　前項之陳明，其效力及於同地之各級法院。

　　送達向送達代收人為之者，視為送達於本人。

第 5 6 條　　前條之規定，於在監獄或看守所之人，不適用之。

　　送達於在監獄或看守所之人，應囑託該監所長官為之。

第 5 7 條　　應受送達人雖未為第五十五條之陳明，而其住所、居所或事務所為書記官所知者，亦得向該處送達之；並得將應送達之文書掛號郵寄。

第 5 8 條　　對於檢察官之送達，應向承辦檢察官為之；承辦檢察官不在辦公處所時，向首席檢察官為之。

第 5 9 條　　被告、自訴人、告訴人或附帶民事訴訟當事人，有左列情形之一者，得為公示送達：

　　一、住、居所、事務所及所在地不明者。

　　二、掛號郵寄而不能達到者。

　　三、因住居於法權所不及之地，不能以其他方法送達者。

第 6 0 條　　公示送達應由書記官分別經法院或檢察長、首席檢
　　　　　　察官或檢察官之許可，除將應送達之文書或其節本張貼
　　　　　　於法院牌示處外，並應以其繕本登載報紙，或以其他適
　　　　　　當方法通知或公告之。

　　　　　　　　前項送達，自最後登載報紙或通知公告之日起，經
　　　　　　三十日發生效力。

第 6 1 條　　送達文書由司法警察或郵政機關行之。

　　　　　　　　前項文書為判決、裁定、不起訴或緩起訴處分書
　　　　　　者，送達人應作收受證書、記載送達證書所列事項，並
　　　　　　簽名交受領人。

第 6 2 條　　送達文書，除本章有特別規定外，準用民事訴訟法
　　　　　　之規定。

第　七　章　　期日及期間

第 6 3 條　　審判長、受命推事、受託推事或檢察官指定期日行
　　　　　　訴訟程序者，應傳喚或通知訴訟關係人使其到場。但訴
　　　　　　訟關係人在場或本法有特別規定者，不在此限。

第 6 4 條　　期日，除有特別規定外，非有重大理由，不得變更
　　　　　　或延展之。

　　　　　　　　期日經變更或延展者，應通知訴訟關係人。

第 6 5 條　　期間之計算，依民法之規定。

第 6 6 條　　應於法定期間內為訴訟行為之人，其住所、居所或
　　　　　　事務所不在法院所在地者，計算該期間時，應扣除其在
　　　　　　途之期間。

　　　　　　　　前項應扣除之在途期間，由司法行政最高機關定之。

第 67 條　　非因過失，遲誤上訴、抗告或聲請再審之期間，或
　　　　　　聲請撤銷或變更審判長、受命推事、受託推事裁定或檢
　　　　　　察官命令之期間者，於其原因消滅後五日內，得聲請回
　　　　　　復原狀。

　　　　　　　許用代理人之案件，代理人之過失，視為本人之過失。

第 68 條　　因遲誤上訴或抗告或聲請再審期間而聲請回復原
　　　　　　狀者，應以書狀向原審法院為之。其遲誤聲請撤銷或變
　　　　　　更審判長、受命推事、受託推事裁定或檢察官命令之期
　　　　　　間者，向管轄該聲請之法院為之。

　　　　　　　非因過失遲誤期間之原因及其消滅時期，應於書狀
　　　　　　內釋明之。

　　　　　　　聲請回復原狀，應同時補行期間內應為之訴訟
　　　　　　行為。

第 69 條　　回復原狀之聲請，由受聲請之法院與補行之訴訟行
　　　　　　為合併裁判之；如原審法院認其聲請應行許可者，應
　　　　　　繕具意見書，將該上訴或抗告案件送由上級法院合併
　　　　　　裁判。

　　　　　　　受聲請之法院於裁判回復原狀之聲請前，得停止原
　　　　　　裁判之執行。

第 70 條　　遲誤聲請再議之期間者，得準用前三條之規定，由
　　　　　　原檢察官准予回復原狀。

第　八　章　　被告之傳喚及拘提

第 71 條　　傳喚被告，應用傳票。傳票，應記載左列事項：
　　　　　　一、被告之姓名、性別、年齡、籍貫及住所或居所。

171

二、案由。

三、應到之日、時、處所。

四、無正當理由不到場者，得命拘提。

被告之姓名不明或因其他情形有必要時，應記載其足資辨別之特徵。被告之年齡、籍貫、住所、或居所不明者，得免記載。

傳票，於偵查中由檢察官簽名，審判中由審判長或受命推事簽名。

第 71-1 條　司法警察官或司法警察，因調查犯罪嫌疑人犯罪情形及蒐集證據之必要，得使用通知書，通知犯罪嫌疑人到場詢問。經合法通知，無正當理由不到場者，得報請檢察官核發拘票。

前項通知書，由司法警察機關主管長官簽名，其應記載事項，準用前條第二項第一款至第三款之規定。

第 72 條　對於到場之被告，經面告以下次應到之日、時、處所及如不到場得命拘提，並記明筆錄者，與已送達傳票有同一之效力；被告經以書狀陳明屆期到場者，亦同。

第 73 條　傳喚在監獄或看守所之被告，應通知該監所長官。

第 74 條　被告因傳喚到場者，除確有不得已之事故外，應按時訊問之。

第 75 條　被告經合法傳喚，無正當理由不到場者，得拘提之。

第 76 條　被告犯罪嫌疑重大，而有左列情形之一者，得不經傳喚逕行拘提：

一、無一定之住所或居所者。

二、逃亡或有事實足認為有逃亡之虞者。

　　　　　　　三、有事實足認為有湮滅、偽造、變造證據或勾串
　　　　　　　　　共犯或證人之虞者。

　　　　　　　四、所犯為死刑、無期徒刑或最輕本刑為五年以上
　　　　　　　　　有期徒刑之罪者。

第　77　條　　拘提被告，應用拘票。

　　　　　　　拘票，應記載左列事項：

　　　　　　　一、被告之姓名、性別、年齡、籍貫及住、居所。
　　　　　　　　　但年齡、籍貫、住、居所不明者，得免記載。

　　　　　　　二、案由。

　　　　　　　三、拘提之理由。

　　　　　　　四、應解送之處所。

　　　　　　　第71條第三項及第四項之規定，於拘票準用之。

第　78　條　　拘提，由司法警察或司法警察官執行，並得限制其
　　　　　　　執行之期間。

　　　　　　　拘票得作數通，分交數人各別執行。

第　79　條　　拘票應備二聯，執行拘提時，應以一聯交被告或其
　　　　　　　家屬。

第　80　條　　執行拘提後，應於拘票記載執行之處所及年、月、
　　　　　　　日、時；如不能執行者，記載其事由，由執行人簽名，
　　　　　　　提出於命拘提之公務員。

第　81　條　　司法警察或司法警察官於必要時，得於管轄區域外
　　　　　　　執行拘提，或請求該地之司法警察官執行。

第　82　條　　審判長或檢察官得開具拘票應記載之事項，囑託被
　　　　　　　告所在地之檢察官拘提被告；如被告不在該地者，受託
　　　　　　　檢察官得轉囑託其所在地之檢察官。

第 83 條　　被告為現役軍人者，其拘提應以拘票知照該管長官
　　　　　　協助執行。

第 84 條　　被告逃亡或藏匿者，得通緝之。

第 85 條　　通緝被告，應用通緝書。

　　　　　　通緝書，應記載左列事項：

　　　　　　一、被告之姓名、性別、年齡、籍貫、住所或居所，
　　　　　　　　及其他足資辨別之特徵。但年齡、藉貫、住所
　　　　　　　　或居所不明者，得免記載。

　　　　　　二、被訴之事實。

　　　　　　三、通緝之理由。

　　　　　　四、犯罪之日、時、處所。但日、時、處所不明者，
　　　　　　　　得免記載。

　　　　　　五、應解送之處所。

　　　　　　通緝書，於偵查中由檢察長或首席檢察官簽名，審
　　　　　　判中由法院院長簽名。

第 86 條　　通緝，應以通緝書通知附近或各處檢察官、司法警
　　　　　　察機關；遇有必要時，並得登載報紙或以其他方法公
　　　　　　告之。

第 87 條　　通緝經通知或公告後，檢察官、司法警察官得拘提
　　　　　　被告或逕行逮捕之。

　　　　　　利害關係人，得逕行逮捕通緝之被告，送交檢察
　　　　　　官、司法警察官或請求檢察官、司法警察官逮捕之。

　　　　　　通緝於其原因消滅或已顯無必要時，應即撤銷。

　　　　　　撤銷通緝之通知或公告，準用前條之規定。

第 88 條　　現行犯，不問何人得逕行逮捕之。

犯罪在實施中或實施後即時發覺者，為現行犯。

有左列情形之一者，以現行犯論：

一、被追呼為犯罪人者。

二、因持有兇器、贓物或其他物件、或於身體、衣服等處露有犯罪痕跡，顯可疑為犯罪人者。

第 88-1 條　檢察官、司法警察官或司法警察偵查犯罪，有左列情形之一而情況急迫者，得逕行拘提之：

一、因現行犯之供述，且有事實足認為共犯嫌疑重大者。

二、在執行或在押中之脫逃者。

三、有事實足認為犯罪嫌疑重大，經被盤查而逃逸者。但所犯顯係最重本刑為一年以下有期徒刑、拘役或專科罰金之罪者，不在此限。

四、所犯為死刑、無期徒刑或最輕本刑為五年以上有期徒刑之罪，嫌疑重大，有事實足認為有逃亡之虞者。

前項拘提，由檢察官親自執行時，得不用拘票；由司法警察官或司法警察執行時，以其急迫情況不及報告檢察官者為限，於執行後，應即報請檢察官簽發拘票。如檢察官不簽發拘票時，應即將被拘提人釋放。

第一百三十條及第一百三十一條第一項之規定，於第一項情形準用之。但應即報檢察官。

檢察官、司法警察官或司法警察，依第一項規定程序拘提之犯罪嫌疑人，應即告知本人及其家屬，得選任辯護人到場。

第 89 條　執行拘提或逮捕，應注意被告之身體及名譽。

第 90 條　被告抗拒拘提、逮捕或脫逃者，得用強制力拘提或
　　　　　逮捕之。但不得逾必要之程度。

第 91 條　拘提或因通緝逮捕之被告，應即解送指定之處所；
　　　　　如二十四小時內不能達到指定之處所者，應分別其命拘
　　　　　提或通緝者為法院或檢察官，先行解送較近之法院或檢
　　　　　察機關，訊問其人有無錯誤。

第 92 條　無偵查犯罪權限之人逮捕現行犯者，應即送交檢察
　　　　　官、司法警察官或司法警察。
　　　　　　司法警察官、司法警察逮捕或接受現行犯者，應即
　　　　　解送檢察官。但所犯最重本刑為一年以下有期徒刑、拘
　　　　　役或專科罰金之罪、告訴或請求乃論之罪，其告訴或請
　　　　　求已經撤回或已逾告訴期間者，得經檢察官之許可，不
　　　　　予解送。
　　　　　　對於第一項逮捕現行犯之人，應詢其姓名、住所或
　　　　　居所及逮捕之事由。

第 93 條　被告或犯罪嫌疑人因拘提或逮捕到場者，應即時訊問。
　　　　　　偵查中經檢察官訊問後，認有羈押之必要者，應自
　　　　　拘提或逮捕之時起二十四小時內，敘明羈押之理由，聲
　　　　　請該管法院羈押之。
　　　　　　前項情形，未經聲請者，檢察官應即將被告釋放。
　　　　　但如認有第一百零一條第一項或第一百零一條之一第
　　　　　一項各款所定情形之一而無聲請羈押之必要者，得逕命
　　　　　具保、責付或限制住居；如不能具保、責付或限制住居，
　　　　　而有必要情形者，仍得聲請法院羈押之。

　　前三項之規定，於檢察官接受法院依少年事件處理法或軍事審判機關依軍事審判法移送之被告時，準用之。

　　法院於受理前三項羈押之聲請後，應即時訊問。但至深夜仍未訊問完畢，或深夜始受理聲請者，被告、辯護人及得為被告輔佐人之人得請求法院於翌日日間訊問。法院非有正當理由，不得拒絕。

　　前項但書所稱深夜，指午後十一時至翌日午前八時。

第 93-1 條　　第九十一條及前條第二項所定之二十四小時，有左列情形之一者，其經過之時間不予計入。但不得有不必要之遲延：

一、因交通障礙或其他不可抗力事由所生不得已之遲滯。

二、在途解送時間。

三、依第一百條之三第一項規定不得為詢問者。

四、因被告或犯罪嫌疑人身體健康突發之事由，事實上不能訊問者。

五、被告或犯罪嫌疑人表示已選任辯護人，因等候其辯護人到場致未予訊問者。但等候時間不得逾四小時。其因智能障礙無法為完全之陳述，因等候第三十五條第三項經通知陪同在場之人到場致未予訊問者，亦同。

六、被告或犯罪嫌疑人須由通譯傳譯，因等候其通譯到場致未予訊問者。但等候時間不得逾六小時。

七、經檢察官命具保或責付之被告，在候保或候責付中者。但候保或候責付時間不得逾四小時。

八、犯罪嫌疑人經法院提審之期間。

前項各款情形之經過時間內不得訊問。

因第一項之法定障礙事由致二十四小時內無法移送該管法院者，檢察官聲請羈押時，並應釋明其事由。

第 九 章　　被告之訊問

第 94 條　　訊問被告，應先詢其姓名、年齡、籍貫、職業、住所或居所，以查驗其人有無錯誤，如係錯誤，應即釋放。

第 95 條　　訊問被告應先告知左列事項：

一、犯罪嫌疑及所犯所有罪名。罪名經告知後，認為應變更者，應再告知。

二、得保持緘默，無須違背自己之意思而為陳述。

三、得選任辯護人。

四、得請求調查有利之證據。

第 96 條　　訊問被告，應與以辯明犯罪嫌疑之機會；如有辯明，應命就其始末連續陳述；其陳述有利之事實者，應命其指出證明之方法。

第 97 條　　被告有數人時，應分別訊問之；其未經訊問者，不得在場。但因發見真實之必要，得命其對質。被告亦得請求對質。

對於被告之請求對質，除顯無必要者外，不得拒絕。

第 98 條　　訊問被告應出以懇切之態度，不得用強暴、脅迫、利誘、詐欺、疲勞訊問或其他不正之方法。

第　99　條　　被告為聾或啞或語言不通者，得用通譯，並得以文字訊問或命以文字陳述。

第 100 條　　被告對於犯罪之自白及其他不利之陳述，並其所陳述有利之事實與指出證明之方法，應於筆錄內記載明確。

第 100-1 條　　訊問被告，應全程連續錄音；必要時，並應全程連續錄影。但有急迫情況且經記明筆錄者，不在此限。

　　　　　　筆錄內所載之被告陳述與錄音或錄影之內容不符者，除有前項但書情形外，其不符之部分，不得作為證據。

　　　　　　第一項錄音、錄影資料之保管方法，分別由司法院、行政院定之。

第 100-2 條　　本章之規定，於司法警察官或司法警察詢問犯罪嫌疑人時，準用之。

第 100-3 條　　司法警察官或司法警察詢問犯罪嫌疑人，不得於夜間行之。但有左列情形之一者，不在此限：

一、經受詢問人明示同意者。

二、於夜間經拘提或逮捕到場而查驗其人有無錯誤者。

三、經檢察官或法官許可者。

四、有急迫之情形者。

犯罪嫌疑人請求立即詢問者，應即時為之。

稱夜間者，為日出前，日沒後。

第 十 章　　被告之羈押

第 101 條　　被告經法官訊問後，認為犯罪嫌疑重大，而有左
列情形之一，非予羈押，顯難進行追訴、審判或執行
者，得羈押之：

一、逃亡或有事實足認為有逃亡之虞者。

二、有事實足認為有湮滅、偽造、變造證據或勾串
共犯或證人之虞者。

三、所犯為死刑、無期徒刑或最輕本刑為五年以上
有期徒刑之罪者。

法官為前項之訊問時，檢察官得到場陳述聲請羈押
之理由及提出必要之證據。

第一項各款所依據之事實，應告知被告及其辯護
人，並記載於筆錄。

第 101-1 條　　被告經法官訊問後，認為犯下列各款之罪，其嫌疑
重大，有事實足認為有反覆實施同一犯罪之虞，而有羈
押之必要者，得羈押之：

一、刑法第一百七十四條第一項、第二項、第四
項、第一百七十五條第一項、第二項之放火
罪、第一百七十六條之準放火罪。

二、刑法第二百二十一條之強制性交罪、第二百二
十四條之強制猥褻罪、第二百二十四條之一之
加重強制猥褻罪、第二百二十五條之乘機性交
猥褻罪、第二百二十七條之與幼年男女性交或
猥褻罪、第二百七十七條第一項之傷害罪。但

　　　　　　其須告訴乃論，而未經告訴或其告訴已經撤回
　　　　　　或已逾告訴期間者，不在此限。

三、刑法第三百零二條之妨害自由罪。

四、刑法第三百零四條之強制罪、第三百零五條之
　　恐嚇危害安全罪。

五、刑法第三百二十條、第三百二十一條之竊
　　盜罪。

六、刑法第三百二十五條、第三百二十六條之搶
　　奪罪。

七、刑法第三百三十九條、第三百三十九條之三之
　　詐欺罪。

八、刑法第三百四十六條之恐嚇取財罪。

　　前條第二項、第三項之規定，於前項情形準用之。

第101-2條　　被告經法官訊問後，雖有第一百零一條第一項或第
　　　　　　一百零一條之一第一項各款所定情形之一而無羈押之
　　　　　　必要者，得逕命具保、責付或限制住居；其有第一百十
　　　　　　四條各款所定情形之一者，非有不能具保、責付或限制
　　　　　　住居之情形，不得羈押。

第 102 條　　羈押被告，應用押票。

　　　　　　押票，應按被告指印，並記載左列事項：

一、被告之姓名、性別、年齡、出生地及住所或
　　居所。

二、案由及觸犯之法條。

三、羈押之理由及其所依據之事實。

四、應羈押之處所。

五、羈押期間及其起算日。

六、如不服羈押處分之救濟方法。

第七十一條第三項之規定，於押票準用之。

押票，由法官簽名。

第 103 條　　執行羈押，偵查中依檢察官之指揮；審判中依審判長或受命法官之指揮，由司法警察將被告解送指定之看守所，該所長官查驗人別無誤後，應於押票附記解到之年、月、日、時並簽名。

執行羈押時，押票應分別送交檢察官、看守所、辯護人、被告及其指定之親友。

第八十一條、第八十九條及第九十條之規定，於執行羈押準用之。

第 103-1 條　　偵查中檢察官、被告或其辯護人認有維護看守所及在押被告安全或其他正當事由者，得聲請法院變更在押被告之羈押處所。

法院依前項聲請變更被告之羈押處所時，應即通知檢察官、看守所、辯護人、被告及其指定之親友。

第 104 條　　（刪除）

第 105 條　　管束羈押之被告，應以維持羈押之目的及押所之秩序所必要者為限。

被告得自備飲食及日用必需物品，並與外人接見、通信、受授書籍及其他物件。但押所得監視或檢閱之。

法院認被告為前項之接見、通信及受授物件有足致其脫逃或湮滅、偽造、變造證據或勾串共犯或證人之虞者，得依檢察官之聲請或依職權命禁止或扣押之。但檢

察官或押所遇有急迫情形時，得先為必要之處分，並應即時陳報法院核准。

依前項所為之禁止或扣押，其對象、範圍及期間等，偵查中由檢察官；審判中由審判長或受命法官指定並指揮看守所為之。但不得限制被告正當防禦之權利。

被告非有事實足認為有暴行或逃亡、自殺之虞者，不得束縛其身體。束縛身體之處分，以有急迫情形者為限，由押所長官行之，並應即時陳報法院核准。

第 106 條　　羈押被告之處所，檢察官應勤加視察，按旬將視察情形陳報主管長官，並通知法院。

第 107 條　　羈押於其原因消滅時，應即撤銷羈押，將被告釋放。

被告、辯護人及得為被告輔佐人之人得聲請法院撤銷羈押。檢察官於偵查中亦得為撤銷羈押之聲請。

法院對於前項之聲請得聽取被告、辯護人或得為被告輔佐人之人陳述意見。

偵查中經檢察官聲請撤銷羈押者，法院應撤銷羈押，檢察官得於聲請時先行釋放被告。

偵查中之撤銷羈押，除依檢察官聲請者外，應徵詢檢察官之意見。

第 108 條　　羈押被告，偵查中不得逾二月，審判中不得逾三月。但有繼續羈押之必要者，得於期間未滿前，經法院依第一百零一條或第一百零一條之一之規定訊問被告後，以裁定延長之。在偵查中延長羈押期間，應由檢察官附具體理由，至遲於期間屆滿之五日前聲請法院裁定。

前項裁定，除當庭宣示者外，於期間未滿前以正本送達被告者，發生延長羈押之效力。羈押期滿，延長羈押之裁定未經合法送達者，視為撤銷羈押。

審判中之羈押期間，自卷宗及證物送交法院之日起算。起訴或裁判後送交前之羈押期間算入偵查中或原審法院之羈押期間。

羈押期間自簽發押票之日起算。但羈押前之逮捕、拘提期間，以一日折算裁判確定前之羈押日數一日。

延長羈押期間，偵查中不得逾二月，以延長一次為限。審判中每次不得逾二月，如所犯最重本刑為十年以下有期徒刑以下之刑者，第一審、第二審以三次為限，第三審以一次為限。

案件經發回者，其延長羈押期間之次數，應更新計算。

羈押期間已滿未經起訴或裁判者，視為撤銷羈押，檢察官或法院應將被告釋放；由檢察官釋放被告者，並應即時通知法院。

依第二項及前項視為撤銷羈押者，於釋放前，偵查中，檢察官得聲請法院命被告具保、責付或限制住居。如認為不能具保、責付或限制住居，而有必要者，並得附具體理由一併聲請法院依第一百零一條或第一百零一條之一之規定訊問被告後繼續羈押之。審判中，法院得命具保、責付或限制住居；如不能具保、責付或限制住居，而有必要者，並得依第一百零一條或第一百零一條之一之規定訊問被告後繼續羈押之。但所犯為死刑、

無期徒刑或最輕本刑為七年以上有期徒刑之罪者，法院就偵查中案件，得依檢察官之聲請；就審判中案件，得依職權，逐依第一百零一條之規定訊問被告後繼續羈押之。

前項繼續羈押之期間自視為撤銷羈押之日起算，以二月為限，不得延長。

繼續羈押期間屆滿者，應即釋放被告。

第一百十一條、第一百十三條、第一百十五條、第一百十六條、第一百十六條之二、第一百十七條、第一百十八條第一項、第一百十九條之規定，於第八項之具保、責付或限制住居準用之。

第 109 條　案件經上訴者，被告羈押期間如已逾原審判決之刑期者，應即撤銷羈押，將被告釋放。但檢察官為被告之不利益而上訴者，得命具保、責付或限制住居。

第 110 條　被告及得為其輔佐人之人或辯護人，得隨時具保，向法院聲請停止羈押。

檢察官於偵查中得聲請法院命被告具保停止羈押。

前二項具保停止羈押之審查，準用第一百零七條第三項之規定。

偵查中法院為具保停止羈押之決定時，除有第一百十四條及本條第二項之情形者外，應徵詢檢察官之意見。

第 111 條　許可停止羈押之聲請者，應命提出保證書，並指定相當之保證金額。

保證書以該管區域內殷實之人所具者為限，並應記載保證金額及依法繳納之事由。

指定之保證金額，如聲請人願繳納或許由第三人繳納者，免提出保證書。

繳納保證金，得許以有價證券代之。

許可停止羈押之聲請者，得限制被告之住居。

第 112 條　被告係犯專科罰金之罪者，指定之保證金額，不得逾罰金之最多額。

第 113 條　許可停止羈押之聲請者，應於接受保證書或保證金後，停止羈押，將被告釋放。

第 114 條　羈押之被告，有左列情形之一者，如經具保聲請停止羈押，不得駁回：

　　　　一、所犯最重本刑為三年以下有期徒刑、拘役或專科罰金之罪者。但累犯、常業犯、有犯罪之習慣、假釋中更犯罪或依第一百零一條之一第一項羈押者，不在此限。

　　　　二、懷胎五月以上或生產後二月未滿者。

　　　　三、現罹疾病，非保外治療顯難痊癒者。

第 115 條　羈押之被告，得不命具保而責付於得為其輔佐人之人或該管區域內其他適當之人，停止羈押。

　　　　受責付者，應出具證書，載明如經傳喚應令被告隨時到場。

第 116 條　羈押之被告，得不命具保而限制其住居，停止羈押。

第 116-1 條　第一百十條第二項至第四項之規定，於前二條之責付、限制住居準用之。

第 116-2 條　法院許可停止羈押時，得命被告應遵守下列事項：

　　　　一、定期向法院或檢察官報到。

二、不得對被害人、證人、鑑定人、辦理本案偵查、審判之公務員或其配偶、直系血親、三親等內之旁系血親、二親等內之姻親、家長、家屬之身體或財產實施危害或恐嚇之行為。

三、因第一百十四條第三款之情形停止羈押者，除維持日常生活及職業所必需者外，未經法院或檢察官許可，不得從事與治療目的顯然無關之活動。

四、其他經法院認為適當之事項。

第 117 條　停止羈押後有下列情形之一者，得命再執行羈押：

一、經合法傳喚無正當之理由不到場者。

二、受住居之限制而違背者。

三、本案新發生第一百零一條第一項、第一百零一條之一第一項各款所定情形之一者。

四、違背法院依前條所定應遵守之事項者。

五、所犯為死刑、無期徒刑或最輕本刑為五年以上有期徒刑之罪，被告因第一百十四條第三款之情形停止羈押後，其停止羈押之原因已消滅，而仍有羈押之必要者。

偵查中有前項情形之一者，由檢察官聲請法院行之。

再執行羈押之期間，應與停止羈押前已經過之期間合併計算。

法院依第一項之規定命再執行羈押時，準用第一百零三條第一項之規定。

第 117-1 條　　前二條之規定，於檢察官依第九十三條第三項但書或第二百二十八條第四項逕命具保、責付、限制住居，或法院依第一百零一條之二逕命具保、責付、限制住居之情形，準用之。

　　　　　　法院依前項規定羈押被告時，適用第一百零一條、第一百零一條之一之規定。檢察官聲請法院羈押被告時，適用第九十三條第二項之規定。

　　　　　　因第一項之規定執行羈押者，免除具保之責任。

第 118 條　　具保之被告逃匿者，應命具保人繳納指定之保證金額，並沒入之。不繳納者，強制執行。保證金已繳納者，沒入之。

　　　　　　前項規定，於檢察官依第九十三條第三項但書及第二百二十八條第四項命具保者，準用之。

第 119 條　　撤銷羈押、再執行羈押、受不起訴處分或因裁判而致羈押之效力消滅者，免除具保之責任。

　　　　　　具保證書或繳納保證金之第三人，將被告預備逃匿情形，於得以防止之際報告法院、檢察官或司法警察官而聲請退保者，法院或檢察官得准其退保。但另有規定者，依其規定。

　　　　　　免除具保之責任或經退保者，應將保證書註銷或將未沒入之保證金發還。

　　　　　　前三項規定，於受責付者準用之。

第 120 條　　（刪除）

第 121 條　　第一百零七條第一項之撤銷羈押、第一百零九條之命具保、責付或限制住居、第一百十條第一項、第一百

十五條及第一百十六條之停止羈押、第一百十八條第一項之沒入保證金、第一百十九條第二項之退保，以法院之裁定行之。

案件在第三審上訴中，而卷宗及證物已送交該法院者，前項處分、羈押及其他關於羈押事項之處分，由第二審法院裁定之。

第二審法院於為前項裁定前，得向第三審法院調取卷宗及證物。

檢察官依第一百十八條第二項之沒入保證金、第一百十九條第二項之退保及第九十三條第三項但書、第二百二十八條第四項命具保、責付或限制住居，於偵查中以檢察官之命令行之。

第 十一 章　　搜索及扣押

第 122 條　　對於被告或犯罪嫌疑人之身體、物件、電磁紀錄及住宅或其他處所，必要時得搜索之。

對於第三人之身體、物件、電磁紀錄及住宅或其他處所，以有相當理由可信為被告或犯罪嫌疑人或應扣押之物或電磁紀錄存在時為限，得搜索之。

第 123 條　　搜索婦女之身體，應命婦女行之。但不能由婦女行之者，不在此限。

第 124 條　　搜索應保守秘密，並應注意受搜索人之名譽。

第 125 條　　經搜索而未發見應扣押之物者，應付與證明書於受搜索人。

第 126 條　　政府機關或公務員所持有或保管之文書及其他物件應扣押者，應請求交付。但於必要時得搜索之。

第 127 條　　軍事上應秘密之處所，非得該管長官之允許，不得搜索。

　　　　　　前項情形，除有妨害國家重大利益者外，不得拒絕。

第 128 條　　搜索，應用搜索票。

　　　　　　搜索票，應記載下列事項：

　　　　　　一、案由。

　　　　　　二、應搜索之被告、犯罪嫌疑人或應扣押之物。但被告或犯罪嫌疑人不明時，得不予記載。

　　　　　　三、應加搜索之處所、身體、物件或電磁紀錄。

　　　　　　四、有效期間，逾期不得執行搜索及搜索後應將搜索票交還之意旨。

　　　　　　搜索票，由法官簽名。法官並得於搜索票上，對執行人員為適當之指示。

　　　　　　核發搜索票之程序，不公開之。

第 128-1 條　　偵查中檢察官認有搜索之必要者，除第一百三十一條第二項所定情形外，應以書面記載前條第二項各款之事項，並敘述理由，聲請該管法院核發搜索票。

　　　　　　司法警察官因調查犯罪嫌疑人犯罪情形及蒐集證據，認有搜索之必要時，得依前項規定，報請檢察官許可後，向該管法院聲請核發搜索票。

　　　　　　前二項之聲請經法院駁回者，不得聲明不服。

第 128-2 條　　搜索，除由法官或檢察官親自實施外，由檢察事務官、司法警察官或司法警察執行。

　　　　　　　檢察事務官為執行搜索，必要時，得請求司法警察官或司法警察輔助。

第 129 條　　（刪除）

第 130 條　　檢察官、檢察事務官、司法警察官或司法警察逮捕被告、犯罪嫌疑人或執行拘提、羈押時，雖無搜索票，得逕行搜索其身體、隨身攜帶之物件、所使用之交通工具及其立即可觸及之處所。

第 131 條　　有左列情形之一者，檢察官、檢察事務官、司法警察官或司法警察，雖無搜索票，得逕行搜索住宅或其他處所：

　　　　　　　一、因逮捕被告、犯罪嫌疑人或執行拘提、羈押，有事實足認被告或犯罪嫌疑人確實在內者。

　　　　　　　二、因追躡現行犯或逮捕脫逃人，有事實足認現行犯或脫逃人確實在內者。

　　　　　　　三、有明顯事實足信為有人在內犯罪而情形急迫者。

　　　　　　　檢察官於偵查中確有相當理由認為情況急迫，非迅速搜索，二十四小時內證據有偽造、變造、湮滅或隱匿之虞者，得逕行搜索，或指揮檢察事務官、司法警察官或司法警察執行搜索，並層報檢察長。

　　　　　　　前二項搜索，由檢察官為之者，應於實施後三日內陳報該管法院；由檢察事務官、司法警察官或司法警察為之者，應於執行後三日內報告該管檢察署檢察官及法院。法院認為不應准許者，應於五日內撤銷之。

第一項、第二項之搜索執行後未陳報該管法院或經
法院撤銷者，審判時法院得宣告所扣得之物，不得作為
證據。

第 131-1 條　　搜索，經受搜索人出於自願性同意者，得不使用搜
索票。但執行人員應出示證件，並將其同意之意旨記載
於筆錄。

第 132 條　　抗拒搜索者，得用強制力搜索之。但不得逾必要之
程度。

第 132-1 條　　檢察官或司法警察官於聲請核發之搜索票執行
後，應將執行結果陳報核發搜索票之法院，如未能執行
者，應敘明其事由。

第 133 條　　可為證據或得沒收之物，得扣押之。

對於應扣押物之所有人、持有人或保管人，得命其
提出或交付。

第 134 條　　政府機關、公務員或曾為公務員之人所持有或保管
之文書及其他物件，如為其職務上應守秘密者，非經該
管監督機關或公務員允許，不得扣押。

前項允許，除有妨害國家之利益者外，不得拒絕。

第 135 條　　郵政或電信機關，或執行郵電事務之人員所持有或
保管之郵件、電報，有左列情形之一者，得扣押之：

一、有相當理由可信其與本案有關係者。

二、為被告所發或寄交被告者。但與辯護人往來之
郵件、電報，以可認為犯罪證據或有湮滅、偽
造、變造證據或勾串共犯或證人之虞，或被告
已逃亡者為限。

為前項扣押者，應即通知郵件、電報之發送人或收受人。但於訴訟程序有妨害者，不在此限。

第 136 條　　扣押，除由法官或檢察官親自實施外，得命檢察事務官、司法警察官或司法警察執行。

命檢察事務官、司法警察官或司法警察執行扣押者，應於交與之搜索票內，記載其事由。

第 137 條　　檢察官、檢察事務官、司法警察官或司法警察執行搜索或扣押時，發現本案應扣押之物為搜索票所未記載者，亦得扣押之。

第一百三十一條第三項之規定，於前項情形準用之。

第 138 條　　應扣押物之所有人、持有人或保管人無正當理由拒絕提出或交付或抗拒扣押者，得用強制力扣押之。

第 139 條　　扣押，應制作收據，詳記扣押物之名目，付與所有人、持有人或保管人。

扣押物，應加封緘或其他標識，由扣押之機關或公務員蓋印。

第 140 條　　扣押物，因防其喪失或毀損，應為適當之處置。

不便搬運或保管之扣押物，得命人看守，或命所有人或其他適當之人保管。

易生危險之扣押物，得毀棄之。

第 141 條　　得沒收之扣押物，有喪失毀損之虞或不便保管者，得拍賣之，保管其價金。

第 142 條　　扣押物若無留存之必要者，不待案件終結，應以法院之裁定或檢察官命令發還之；其係贓物而無第三人主張權利者，應發還被害人。

扣押物因所有人、持有人或保管人之請求，得命其
負保管之責，暫行發還。

第 143 條　　被告、犯罪嫌疑人或第三人遺留在犯罪現場之物，
或所有人、持有人或保管人任意提出或交付之物，經留
存者，準用前四條之規定。

第 144 條　　因搜索及扣押得開啟鎖扃、封緘或為其他必要之
處分。

執行扣押或搜索時，得封鎖現場，禁止在場人員離
去，或禁止前條所定之被告、犯罪嫌疑人或第三人以外
之人進入該處所。

對於違反前項禁止命令者，得命其離開或交由適當
之人看守至執行終了。

第 145 條　　法官、檢察官、檢察事務官、司法警察官或司法警
察執行搜索及扣押，除依法得不用搜索票之情形外，應
以搜索票示第一百四十八條在場之人。

第 146 條　　有人住居或看守之住宅或其他處所，不得於夜間入
內搜索或扣押。但經住居人、看守人或可為其代表之人
承諾或有急迫之情形者，不在此限。

於夜間搜索或扣押者，應記明其事由於筆錄。

日間已開始搜索或扣押者，得繼續至夜間。

第一百條之三第三項之規定，於夜間搜索或扣押準
用之。

第 147 條　　左列處所，夜間亦得入內搜索或扣押：

一、假釋人住居或使用者。

二、旅店、飲食店或其他於夜間公眾可以出入之處所，仍在公開時間內者。

三、常用為賭博、妨害性自主或妨害風化之行為者。

第 148 條　在有人住居或看守之住宅或其他處所內行搜索或扣押者，應命住居人、看守人或可為其代表之人在場；如無此等人在場時，得命鄰居之人或就近自治團體之職員在場。

第 149 條　在政府機關、軍營、軍艦或軍事上秘密處所內行搜索或扣押者，應通知該管長官或可為其代表之人在場。

第 150 條　當事人及審判中之辯護人得於搜索或扣押時在場。但被告受拘禁，或認其在場於搜索或扣押有妨害者，不在此限。

搜索或扣押時，如認有必要，得命被告在場。

行搜索或扣押之日、時及處所，應通知前二項得在場之人。但有急迫情形時，不在此限。

第 151 條　搜索或扣押暫時中止者，於必要時應將該處所閉鎖，並命人看守。

第 152 條　實施搜索或扣押時，發現另案應扣押之物亦得扣押之，分別送交該管法院或檢察官。

第 153 條　搜索或扣押，得由審判長或檢察官囑託應行搜索、扣押地之法官或檢察官行之。

受託法官或檢察官發現應在他地行搜索、扣押者，該法官或檢察官得轉囑託該地之法官或檢察官。

第 十二 章　　證據

第 一 節　　通則

第 154 條　　被告未經審判證明有罪確定前,推定其為無罪。

犯罪事實應依證據認定之,無證據不得認定犯罪事實。

第 155 條　　證據之證明力,由法院本於確信自由判斷。但不得違背經驗法則及論理法則。

無證據能力、未經合法調查之證據,不得作為判斷之依據。

第 156 條　　被告之自白,非出於強暴、脅迫、利誘、詐欺、疲勞訊問、違法羈押或其他不正之方法,且與事實相符者,得為證據。

被告或共犯之自白,不得作為有罪判決之唯一證據,仍應調查其他必要之證據,以察其是否與事實相符。

被告陳述其自白係出於不正之方法者,應先於其他事證而為調查。該自白如係經檢察官提出者,法院應命檢察官就自白之出於自由意志,指出證明之方法。

被告未經自白,又無證據,不得僅因其拒絕陳述或保持緘默,而推斷其罪行。

第 157 條　　公眾週知之事實,無庸舉證。

第 158 條　　事實於法院已顯著,或為其職務上所已知者,無庸舉證。

第 158-1 條 　前二條無庸舉證之事實，法院應予當事人就其事實有陳述意見之機會。

第 158-2 條 　違背第九十三條之一第二項、第一百條之三第一項之規定，所取得被告或犯罪嫌疑人之自白及其他不利之陳述，不得作為證據。但經證明其違背非出於惡意，且該自白或陳述係出於自由意志者，不在此限。

　檢察事務官、司法警察官或司法警察詢問受拘提、逮捕之被告或犯罪嫌疑人時，違反第九十五條第二款、第三款之規定者，準用前項規定。

第 158-3 條 　證人、鑑定人依法應具結而未具結者，其證言或鑑定意見，不得作為證據。

第 158-4 條 　除法律另有規定外，實施刑事訴訟程序之公務員因違背法定程序取得之證據，其有無證據能力之認定，應審酌人權保障及公共利益之均衡維護。

第 159 條 　被告以外之人於審判外之言詞或書面陳述，除法律有規定者外，不得作為證據。

　前項規定，於第一百六十一條第二項之情形及法院以簡式審判程序或簡易判決處刑者，不適用之。其關於羈押、搜索、鑑定留置、許可、證據保全及其他依法所為強制處分之審查，亦同。

第 159-1 條 　被告以外之人於審判外向法官所為之陳述，得為證據。

　被告以外之人於偵查中向檢察官所為之陳述，除顯有不可信之情況者外，得為證據。

第 159-2 條　　被告以外之人於檢察事務官、司法警察官或司法警
　　　　　　　　察調查中所為之陳述,與審判中不符時,其先前之陳述
　　　　　　　　具有較可信之特別情況,且為證明犯罪事實存否所必要
　　　　　　　　者,得為證據。

第 159-3 條　　被告以外之人於審判中有下列情形之一,其於檢察
　　　　　　　　事務官、司法警察官或司法警察調查中所為之陳述,經
　　　　　　　　證明具有可信之特別情況,且為證明犯罪事實之存否所
　　　　　　　　必要者,得為證據:
　　　　　　　　一、死亡者。
　　　　　　　　二、身心障礙致記憶喪失或無法陳述者。
　　　　　　　　三、滯留國外或所在不明而無法傳喚或傳喚不
　　　　　　　　　　到者。
　　　　　　　　四、到庭後無正當理由拒絕陳述者。

第 159-4 條　　除前三條之情形外,下列文書亦得為證據:
　　　　　　　　一、除顯有不可信之情況外,公務員職務上製作之
　　　　　　　　　　紀錄文書、證明文書。
　　　　　　　　二、除顯有不可信之情況外,從事業務之人於業務
　　　　　　　　　　上或通常業務過程所須製作之紀錄文書、證明
　　　　　　　　　　文書。
　　　　　　　　三、除前二款之情形外,其他於可信之特別情況下
　　　　　　　　　　所製作之文書。

第 159-5 條　　被告以外之人於審判外之陳述,雖不符前四條之規
　　　　　　　　定,而經當事人於審判程序同意作為證據,法院審酌該
　　　　　　　　言詞陳述或書面陳述作成時之情況,認為適當者,亦得
　　　　　　　　為證據。

　　　　　　　　當事人、代理人或辯護人於法院調查證據時，知有第一百五十九條第一項不得為證據之情形，而未於言詞辯論終結前聲明異議者，視為有前項之同意。

第 160 條　　證人之個人意見或推測之詞，除以實際經驗為基礎者外，不得作為證據。

第 161 條　　檢察官就被告犯罪事實，應負舉證責任，並指出證明之方法。

　　　　　　　　法院於第一次審判期日前，認為檢察官指出之證明方法顯不足認定被告有成立犯罪之可能時，應以裁定定期通知檢察官補正；逾期未補正者，得以裁定駁回起訴。

　　　　　　　　駁回起訴之裁定已確定者，非有第二百六十條各款情形之一，不得對於同一案件再行起訴。

　　　　　　　　違反前項規定，再行起訴者，應諭知不受理之判決。

第 161-1 條　　被告得就被訴事實指出有利之證明方法。

第 161-2 條　　當事人、代理人、辯護人或輔佐人應就調查證據之範圍、次序及方法提出意見。

　　　　　　　　法院應依前項所提意見而為裁定；必要時，得因當事人、代理人、辯護人或輔佐人之聲請變更之。

第 161-3 條　　法院對於得為證據之被告自白，除有特別規定外，非於有關犯罪事實之其他證據調查完畢後，不得調查。

第 162 條　　（刪除）

第 163 條　　當事人、代理人、辯護人或輔佐人得聲請調查證據，並得於調查證據時，詢問證人、鑑定人或被告。審判長除認為有不當者外，不得禁止之。

法院為發見真實，得依職權調查證據。但於公平正義之維護或對被告之利益有重大關係事項，法院應依職權調查之。

法院為前項調查證據前，應予當事人、代理人、辯護人或輔佐人陳述意見之機會。

第 163-1 條　當事人、代理人、辯護人或輔佐人聲請調查證據，應以書狀分別具體記載下列事項：

一、聲請調查之證據及其與待證事實之關係。

二、聲請傳喚之證人、鑑定人、通譯之姓名、性別、住居所及預期詰問所需之時間。

三、聲請調查之證據文書或其他文書之目錄。若僅聲請調查證據文書或其他文書之一部分者，應將該部分明確標示。

調查證據聲請書狀，應按他造人數提出繕本。法院於接受繕本後，應速送達。

不能提出第一項之書狀而有正當理由或其情況急迫者，得以言詞為之。

前項情形，聲請人應就第一項各款所列事項分別陳明，由書記官製作筆錄；如他造不在場者，應將筆錄送達。

第 163-2 條　當事人、代理人、辯護人或輔佐人聲請調查之證據，法院認為不必要者，得以裁定駁回之。

下列情形，應認為不必要：

一、不能調查者。

二、與待證事實無重要關係者。

三、待證事實已臻明瞭無再調查之必要者。

四、同一證據再行聲請者。

第 164 條　審判長應將證物提示當事人、代理人、辯護人或輔佐人，使其辨認。

前項證物如係文書而被告不解其意義者，應告以要旨。

第 165 條　卷宗內之筆錄及其他文書可為證據者，審判長應向當事人、代理人、辯護人或輔佐人宣讀或告以要旨。

前項文書，有關風化、公安或有毀損他人名譽之虞者，應交當事人、代理人、辯護人或輔佐人閱覽，不得宣讀；如被告不解其意義者，應告以要旨。

第 165-1 條　前條之規定，於文書外之證物有與文書相同之效用者，準用之。

錄音、錄影、電磁紀錄或其他相類之證物可為證據者，審判長應以適當之設備，顯示聲音、影像、符號或資料，使當事人、代理人、辯護人或輔佐人辨認或告以要旨。

第 166 條　當事人、代理人、辯護人及輔佐人聲請傳喚之證人、鑑定人，於審判長為人別訊問後，由當事人、代理人或辯護人直接詰問之。被告如無辯護人，而不欲行詰問時，審判長仍應予詢問證人、鑑定人之適當機會。

前項證人或鑑定人之詰問，依下列次序：

一、先由聲請傳喚之當事人、代理人或辯護人為主詰問。

二、次由他造之當事人、代理人或辯護人為反
　　詰問。

三、再由聲請傳喚之當事人、代理人或辯護人為覆
　　主詰問。

四、再次由他造當事人、代理人或辯護人為覆反
　　詰問。

前項詰問完畢後，當事人、代理人或辯護人，經審
判長之許可，得更行詰問。

證人、鑑定人經當事人、代理人或辯護人詰問完畢
後，審判長得為訊問。

同一被告、自訴人有二以上代理人、辯護人時，該
被告、自訴人之代理人、辯護人對同一證人、鑑定人之
詰問，應推由其中一人代表為之。但經審判長許可者，
不在此限。

兩造同時聲請傳喚之證人、鑑定人，其主詰問次序
由兩造合意決定，如不能決定時，由審判長定之。

第 166-1 條　　主詰問應就待證事項及其相關事項行之。

為辯明證人、鑑定人陳述之證明力，得就必要之事
項為主詰問。

行主詰問時，不得為誘導詰問。但下列情形，不在
此限：

一、未為實體事項之詰問前，有關證人、鑑定人之
　　身分、學歷、經歷、與其交游所關之必要準備
　　事項。

二、當事人顯無爭執之事項。

三、關於證人、鑑定人記憶不清之事項，為喚起其記憶所必要者。

四、證人、鑑定人對詰問者顯示敵意或反感者。

五、證人、鑑定人故為規避之事項。

六、證人、鑑定人為與先前不符之陳述時，其先前之陳述。

七、其他認有誘導詰問必要之特別情事者。

第 166-2 條　反詰問應就主詰問所顯現之事項及其相關事項或為辯明證人、鑑定人之陳述證明力所必要之事項行之。

行反詰問於必要時，得為誘導詰問。

第 166-3 條　行反詰問時，就支持自己主張之新事項，經審判長許可，得為詰問。

依前項所為之詰問，就該新事項視為主詰問。

第 166-4 條　覆主詰問應就反詰問所顯現之事項及其相關事項行之。

行覆主詰問，依主詰問之方式為之。

前條之規定，於本條準用之。

第 166-5 條　覆反詰問，應就辯明覆主詰問所顯現證據證明力必要之事項行之。

行覆反詰問，依反詰問之方式行之。

第 166-6 條　法院依職權傳喚之證人或鑑定人，經審判長訊問後，當事人、代理人或辯護人得詰問之，其詰問之次序由審判長定之。

證人、鑑定人經當事人、代理人或辯護人詰問後，審判長得續行訊問。

第 166-7 條　　詰問證人、鑑定人及證人、鑑定人之回答,均應就個別問題具體為之。

下列之詰問不得為之。但第五款至第八款之情形,於有正當理由時,不在此限:

一、與本案及因詰問所顯現之事項無關者。

二、以恫嚇、侮辱、利誘、詐欺或其他不正之方法者。

三、抽象不明確之詰問。

四、為不合法之誘導者。

五、對假設性事項或無證據支持之事實為之者。

六、重覆之詰問。

七、要求證人陳述個人意見或推測、評論者。

八、恐證言於證人或與其有第一百八十條第一項關係之人之名譽、信用或財產有重大損害者。

九、對證人未親身經歷事項或鑑定人未行鑑定事項為之者。

一〇、其他為法令禁止者。

第 167 條　　當事人、代理人或辯護人詰問證人、鑑定人時,審判長除認其有不當者外,不得限制或禁止之。

第 167-1 條　　當事人、代理人或辯護人就證人、鑑定人之詰問及回答,得以違背法令或不當為由,聲明異議。

第 167-2 條　　前條之異議,應就各個行為,立即以簡要理由為之。

審判長對於前項異議,應立即處分。

他造當事人、代理人或辯護人,得於審判長處分前,就該異議陳述意見。

證人、鑑定人於當事人、代理人或辯護人聲明異議後，審判長處分前，應停止陳述。

第 167-3 條　審判長認異議有遲誤時機、意圖延滯訴訟或其他不合法之情形者，應以處分駁回之。但遲誤時機所提出之異議事項與案情有重要關係者，不在此限。

第 167-4 條　審判長認異議無理由者，應以處分駁回之。

第 167-5 條　審判長認異議有理由者，應視其情形，立即分別為中止、撤回、撤銷、變更或其他必要之處分。

第 167-6 條　對於前三條之處分，不得聲明不服。

第 167-7 條　第一百六十六條之七第二項、第一百六十七條至第一百六十七條之六之規定，於行第一百六十三條第一項之詢問準用之。

第 168 條　證人、鑑定人雖經陳述完畢，非得審判長之許可，不得退庭。

第 168-1 條　當事人、代理人、辯護人或輔佐人得於訊問證人、鑑定人或通譯時在場。

前項訊問之日、時及處所，法院應預行通知之。但事先陳明不願到場者，不在此限。

第 169 條　審判長預料證人、鑑定人或共同被告於被告前不能自由陳述者，經聽取檢察官及辯護人之意見後，得於其陳述時，命被告退庭。但陳述完畢後，應再命被告入庭，告以陳述之要旨，並予詰問或對質之機會。

第 170 條　參與合議審判之陪席法官，得於告知審判長後，訊問被告或準用第一百六十六條第四項及第一百六十六條之六第二項之規定，訊問證人、鑑定人。

第 171 條　　法院或受命法官於審判期日前為第二百七十三條第一項或第二百七十六條之訊問者，準用第一百六十四條至第一百七十條之規定。

第 172 條　　（刪除）

第 173 條　　（刪除）

第 174 條　　（刪除）

第 二 節　　人證

第 175 條　　傳喚證人，應用傳票。

傳票，應記載下列事項：

一、證人之姓名、性別及住所、居所。

二、待證之事由。

三、應到之日、時、處所。

四、無正當理由不到場者，得處罰鍰及命拘提。

五、證人得請求日費及旅費。

傳票，於偵查中由檢察官簽名，審判中由審判長或受命法官簽名。

傳票至遲應於到場期日二十四小時前送達。但有急迫情形者，不在此限。

第 176 條　　第七十二條及第七十三條之規定，於證人之傳喚準用之。

第 176-1 條　　除法律另有規定者外，不問何人，於他人之案件，有為證人之義務。

第 176-2 條　　法院因當事人、代理人、辯護人或輔佐人聲請調查證據，而有傳喚證人之必要者，為聲請之人應促使證人到場。

第 177 條　　證人不能到場或有其他必要情形，得於聽取當事人及辯護人之意見後，就其所在或於其所在地法院訊問之。

前項情形，證人所在與法院間有聲音及影像相互傳送之科技設備而得直接訊問，經法院認為適當者，得以該設備訊問之。

當事人、辯護人及代理人得於前二項訊問證人時在場並得詰問之；其訊問之日時及處所，應預行通知之。

第二項之情形，於偵查中準用之。

第 178 條　　證人經合法傳喚，無正當理由而不到場者，得科以新臺幣三萬元以下之罰鍰，並得拘提之；再傳不到者，亦同。

前項科罰鍰之處分，由法院裁定之。檢察官為傳喚者，應聲請該管法院裁定之。

對於前項裁定，得提起抗告。

拘提證人，準用第七十七條至第八十三條及第八十九條至第九十一條之規定。

第 179 條　　以公務員或曾為公務員之人為證人，而就其職務上應守秘密之事項訊問者，應得該管監督機關或公務員之允許。

前項允許，除有妨害國家之利益者外，不得拒絕。

第 180 條　　證人有下列情形之一者，得拒絕證言：

一、現為或曾為被告或自訴人之配偶、直系血親、
　　三親等內之旁系血親、二親等內之姻親或家
　　長、家屬者。
二、與被告或自訴人訂有婚約者。
三、現為或曾為被告或自訴人之法定代理人或現
　　由或曾由被告或自訴人為其法定代理人者。
　　對於共同被告或自訴人中一人或數人有前項關
係，而就僅關於他共同被告或他共同自訴人之事項為證
人者，不得拒絕證言。

第 181 條　　證人恐因陳述致自己或與其有前條第一項關係之
　　　　　　人受刑事追訴或處罰者，得拒絕證言。

第 181-1 條　　被告以外之人於反詰問時，就主詰問所陳述有關被
　　　　　　告本人之事項，不得拒絕證言。

第 182 條　　證人為醫師、藥師、助產士、宗教師、律師、辯護
　　　　　　人、公證人、會計師或其業務上佐理人或曾任此等職
　　　　　　務之人，就其因業務所知悉有關他人秘密之事項受訊
　　　　　　問者，除經本人允許者外，得拒絕證言。

第 183 條　　證人拒絕證言者，應將拒絕之原因釋明之。但於第
　　　　　　一百八十一條情形，得命具結以代釋明。
　　　　　　　　拒絕證言之許可或駁回，偵查中由檢察官命令之，
　　　　　　審判中由審判長或受命法官裁定之。

第 184 條　　證人有數人者，應分別訊問之；其未經訊問者，非
　　　　　　經許可，不得在場。
　　　　　　　　因發見真實之必要，得命證人與他證人或被告對
　　　　　　質，亦得依被告之聲請，命與證人對質。

第 185 條　　訊問證人，應先調查其人有無錯誤及與被告或自訴人有無第一百八十條第一項之關係。

　　　　　　證人與被告或自訴人有第一百八十條第一項之關係者，應告以得拒絕證言。

第 186 條　　證人應命具結。但有下列情形之一者，不得令其具結：

　　　　　　一、未滿十六歲者。

　　　　　　二、因精神障礙，不解具結意義及效果者。

　　　　　　證人有第一百八十一條之情形者，應告以得拒絕證言。

第 187 條　　證人具結前，應告以具結之義務及偽證之處罰。

　　　　　　對於不令具結之證人，應告以當據實陳述，不得匿、飾、增、減。

第 188 條　　具結應於訊問前為之。但應否具結有疑義者，得命於訊問後為之。

第 189 條　　具結應於結文內記載當據實陳述，決無匿、飾、增、減等語；其於訊問後具結者，結文內應記載係據實陳述，並無匿、飾、增、減等語。

　　　　　　結文應命證人朗讀；證人不能朗讀者，應命書記官朗讀，於必要時並說明其意義。

　　　　　　結文應命證人簽名、蓋章或按指印。

　　　　　　證人係依第一百七十七條第二項以科技設備訊問者，經具結之結文得以電信傳真或其他科技設備傳送予法院或檢察署，再行補送原本。

　　　　　　第一百七十七條第二項證人訊問及前項結文傳送之辦法，由司法院會同行政院定之。

第 190 條　　訊問證人，得命其就訊問事項之始末連續陳述。

第 191 條　　（刪除）

第 192 條　　第七十四條及第九十九條之規定，於證人之訊問準
　　　　　　用之。

第 193 條　　證人無正當理由拒絕具結或證言者，得處以新臺幣
　　　　　　三萬元以下之罰鍰，於第一百八十三條第一項但書情
　　　　　　形為不實之具結者，亦同。

　　　　　　第一百七十八條第二項及第三項之規定，於前項處
　　　　　　分準用之。

第 194 條　　證人得請求法定之日費及旅費。但被拘提或無正當
　　　　　　理由，拒絕具結或證言者，不在此限。

　　　　　　前項請求，應於訊問完畢後十日內，向法院為之。
　　　　　　但旅費得請求預行酌給。

第 195 條　　審判長或檢察官得囑託證人所在地之法官或檢察
　　　　　　官訊問證人；如證人不在該地者，該法官、檢察官得
　　　　　　轉囑託其所在地之法官、檢察官。

　　　　　　第一百七十七條第三項之規定，於受託訊問證人時
　　　　　　準用之。

　　　　　　受託法官或檢察官訊問證人者，與本案繫屬之法院
　　　　　　審判長或檢察官有同一之權限。

第 196 條　　證人已由法官合法訊問，且於訊問時予當事人詰問
　　　　　　之機會，其陳述明確別無訊問之必要者，不得再行傳喚。

第 196-1 條　司法警察官或司法警察因調查犯罪嫌疑人犯罪
　　　　　　情形及蒐集證據之必要，得使用通知書通知證人到場
　　　　　　詢問。

第七十一條之一第二項、第七十三條、第七十四條、第一百七十五條第二項第一款至第三款、第四項、第一百七十七條第一項、第三項、第一百七十九條至第一百八十二條、第一百八十四條、第一百八十五條及第一百九十二條之規定，於前項證人之通知及詢問準用之。

第 三 節　　鑑定及通譯

第 197 條　　鑑定，除本節有特別規定外，準用前節關於人證之規定。

第 198 條　　鑑定人由審判長、受命法官或檢察官就下列之人選任一人或數人充之：

一、就鑑定事項有特別知識經驗者。

二、經政府機關委任有鑑定職務者。

第 199 條　　鑑定人，不得拘提。

第 200 條　　當事人得依聲請法官迴避之原因，拒卻鑑定人。但不得以鑑定人於該案件曾為證人或鑑定人為拒卻之原因。

鑑定人已就鑑定事項為陳述或報告後，不得拒卻。但拒卻之原因發生在後或知悉在後者，不在此限。

第 201 條　　拒卻鑑定人，應將拒卻之原因及前條第二項但書之事實釋明之。

拒卻鑑定人之許可或駁回，偵查中由檢察官命令之，審判中由審判長或受命法官裁定之。

第 202 條　　鑑定人應於鑑定前具結，其結文內應記載必為公正誠實之鑑定等語。

第 203 條　　審判長、受命法官或檢察官於必要時，得使鑑定人於法院外為鑑定。

前項情形，得將關於鑑定之物，交付鑑定人。

因鑑定被告心神或身體之必要，得預定七日以下之期間，將被告送入醫院其他適當之處所。

第 203-1 條　　前條第三項情形，應用鑑定留置票。但經拘提、逮捕到場，其期間未逾二十四小時者，不在此限。

鑑定留置票，應記載下列事項：

一、被告之姓名、性別、年齡、出生地及住所或居所。

二、案由。

三、應鑑定事項。

四、應留置之處所及預定之期間。

五、如不服鑑定留置之救濟方法。

第七十一條第三項之規定，於鑑定留置票準用之。

鑑定留置票，由法官簽名。檢察官認有鑑定留置必要時，向法院聲請簽發之。

第 203-2 條　　執行鑑定留置，由司法警察將被告送入留置處所，該處所管理人員查驗人別無誤後，應於鑑定留置票附記送入之年、月、日、時並簽名。

第八十九條、第九十條之規定，於執行鑑定留置準用之。

執行鑑定留置時，鑑定留置票應分別送交檢察官、鑑定人、辯護人、被告其指定之親友。

因執行鑑定留置有必要時，法院或檢察官得依職權或依留置處所管理人員之聲請，命司法警察看守被告。

第 203-3 條　　鑑定留置之預定期間，法院得於審判中依職權或偵查中依檢察官之聲請裁定縮短或延長之。但延長之期間不得逾二月。

　　　　　　　鑑定留置之處所，因安全或其他正當事由之必要，法院得於審判中依職權或偵查中依檢察官之聲請裁定變更之。

　　　　　　　法院為前二項裁定，應通知檢察官、鑑定人、辯護人、被告及其指定之親友。

第 203-4 條　　對被告執行第二百零三條第三項之鑑定者，其鑑定留置期間之日數，視為羈押之日數。

第 204 條　　鑑定人因鑑定之必要，得經審判長、受命法官或檢察官之許可，檢查身體、解剖屍體、毀壞物體或進入有人住居或看守之住宅或其他處所。

　　　　　　　第一百二十七條、第一百四十六條至第一百四十九條、第二百十五條、第二百十六條第一項及第二百十七條之規定，於前項情形準用之。

第 204-1 條　　前條第一項之許可，應用許可書。但於審判長、受命法官或檢察官前為之者，不在此限。

　　　　　　　許可書，應記載下列事項：

　　　　　　　一、案由。

　　　　　　　二、應檢查之身體、解剖之屍體、毀壞之物體或進入有人住居或看守之住宅或其他處所。

　　　　　　　三、應鑑定事項。

　　　　　　　四、鑑定人之姓名。

　　　　　　　五、執行之期間。

　　　　　　　許可書，於偵查中由檢察官簽名，審判中由審判長或受命法官簽名。

　　　　　　　檢查身體，得於第一項許可書內附加認為適當之條件。

第 204-2 條　　鑑定人為第二百零四條第一項之處分時，應出示前條第一項之許可書及可證明其身分之文件。

　　　　　　　許可書於執行期間屆滿後不得執行，應即將許可書交還。

第 204-3 條　　被告以外之人無正當理由拒絕第二百零四條第一項之檢查身體處分者，得處以新臺幣三萬元以下之罰鍰，並準用第一百七十八條第二項及第三項之規定。

　　　　　　　無正當理由拒絕第二百零四條第一項之處分者，審判長、受命法官或檢察得率同鑑定人實施之，並準用關於勘驗之規定。

第 205 條　　鑑定人因鑑定之必要，得經審判長、受命法官或檢察官之許可，檢閱卷宗及證物，並得請求蒐集或調取之。

　　　　　　　鑑定人得請求訊問被告、自訴人或證人，並許其在場及直接發問。

第 205-1 條　　鑑定人因鑑定之必要，得經審判長、受命法官或檢察官之許可，採取分泌物、排泄物、血液、毛髮或其他出自或附著身體之物，並得採取指紋、腳印、聲調、筆跡、照相或其他相類之行為。

　　　　　　　前項處分，應於第二百零四條之一第二項許可書中載明。

第 205-2 條　　檢察事務官、司法警察官或司法警察因調查犯罪情形及蒐集證據之必要，對於經拘提或逮捕到案之犯罪嫌疑人或被告，得違反犯罪嫌疑人或被告之意思，採取其指紋、掌紋、腳印，予以照相、測量身高或類似之行為；有相當理由認為採取毛髮、唾液、尿液、聲調或吐氣得作為犯罪之證據時，並得採取之。

第 206 條　　鑑定之經過及其結果，應命鑑定人以言詞或書面報告。

鑑定人有數人時，得使其共同報告之。但意見不同者，應使其各別報告。

以書面報告者，於必要時得使其以言詞說明。

第 206-1 條　　行鑑定時，如有必要，法院或檢察官得通知當事人、代理人或辯護人到場。

第一百六十八條之一第二項之規定，於前項情形準用之。

第 207 條　　鑑定有不完備者，得命增加人數或命他人繼續或另行鑑定。

第 208 條　　法院或檢察官得囑託醫院、學校或其他相當之機關、團體為鑑定，或審查他人之鑑定，並準用第二百零三條至第二百零六條之一之規定；其須以言詞報告或說明時，得命實施鑑定或審查之人為之。

第一百六十三條第一項、第一百六十六條至第一百六十七條之七、第二百零二條之規定，於前項由實施鑑定或審查之人為言詞報告或說明之情形準用之。

第 209 條　　鑑定人於法定之日費、旅費外，得向法院請求相當
　　　　　　　之報酬及預行酌給或償還因鑑定所支出之費用。

第 210 條　　訊問依特別知識得知已往事實之人者，適用關於人
　　　　　　　證之規定。

第 211 條　　本節之規定，於通譯準用之。

第　四　節　　勘驗

第 212 條　　法院或檢察官因調查證據及犯罪情形，得實施勘驗。

第 213 條　　勘驗，得為左列處分：

　　　　　　　一、履勘犯罪場所或其他與案情有關係之處所。

　　　　　　　二、檢查身體。

　　　　　　　三、檢驗屍體。

　　　　　　　四、解剖屍體。

　　　　　　　五、檢查與案情有關係之物件。

　　　　　　　六、其他必要之處分。

第 214 條　　行勘驗時，得命證人、鑑定人到場。

　　　　　　　檢察官實施勘驗，如有必要，得通知當事人、代理
　　　　　　　人或辯護人到場。

　　　　　　　前項勘驗之日、時及處所，應預行通知之。但事先
　　　　　　　陳明不願到場或有急迫情形者，不在此限。

第 215 條　　檢查身體，如係對於被告以外之人，以有相當理由
　　　　　　　可認為於調查犯罪情形有必要者為限，始得為之。

　　　　　　　行前項檢查，得傳喚其人到場或指定之其他處所，
　　　　　　　並準用第七十二條、第七十三條、第一百七十五條及第
　　　　　　　一百七十八條之規定。

　　　　　　　　檢查婦女身體，應命醫師或婦女行之。

第 216 條　　檢驗或解剖屍體，應先查明屍體有無錯誤。

　　　　　　　　檢驗屍體，應命醫師或檢驗員行之。

　　　　　　　　解剖屍體，應命醫師行之。

第 217 條　　因檢驗或解剖屍體，得將該屍體或其一部暫行留存，並得開棺及發掘墳墓。

　　　　　　　　檢驗或解剖屍體及開棺發掘墳墓，應通知死者之配偶或其他同居或較近之親屬，許其在場。

第 218 條　　遇有非病死或可疑為非病死者，該管檢察官應速相驗。

　　　　　　　　前項相驗，檢察官得命檢察事務官會同法醫師、醫師或檢驗員行之。但檢察官認顯無犯罪嫌疑者，得調度司法警察官會同法醫師、醫師或檢驗員行之。

　　　　　　　　依前項規定相驗完畢後，應即將相關之卷證陳報檢察官。檢察官如發現有犯罪嫌疑時，應繼續為必要之勘驗及調查。

第 219 條　　第一百二十七條、第一百三十二條、第一百四十六條至第一百五十一條及第一百五十三條之規定，於勘驗準用之。

第 五 節　　證據保全

第 219-1 條　　告訴人、犯罪嫌疑人、被告或辯護人於證據有湮滅、偽造、變造、隱匿或礙難使用之虞時，偵查中得聲請檢察官為搜索、扣押、鑑定、勘驗、訊問證人或其他必要之保全處分。

　　　　　　　檢察官受理前項聲請，除認其為不合法或無理由予
以駁回者外，應於五日內為保全處分。

　　　　　　　檢察官駁回前項聲請或未於前項期間內為保全處
分者，聲請人得逕向該管法院聲請保全證據。

第 219-2 條　　法院對於前條第三項之聲請，於裁定前應徵詢檢察
官之意見，認為不合法律上之程式或法律上不應准許或
無理由者，應以裁定駁回之。但其不合法律上之程式可
以補正者，應定期間先命補正。

　　　　　　　法院認為聲請有理由者，應為准許保全證據之裁定。

　　　　　　　前二項裁定，不得抗告。

第 219-3 條　　第二百十九條之一之保全證據聲請，應向偵查中之
該管檢察官為之。但案件尚未移送或報告檢察官者，應
向調查之司法警察官或司法警察所屬機關所在地之地
方法院檢察署檢察官聲請。

第 219-4 條　　案件於第一審法院審判中，被告或辯護人認為證據
有保全之必要者，得在第一次審判期日前，聲請法院或
受命法官為保全證據處分。遇有急迫情形時，亦得向受
訊問人住居地或證物所在地之地方法院聲請之。

　　　　　　　檢察官或自訴人於起訴後，第一次審判期日前，認
有保全證據之必要者，亦同。

　　　　　　　第二百七十九條第二項之規定，於受命法官為保全
證據處分之情形準用之。

　　　　　　　法院認為保全證據之聲請不合法律上之程式或法
律上不應准許或無理由者，應即以裁定駁回之。但其不
合法律上之程式可以補正者，應定期間先命補正。

　　　　　　法院或受命法官認為聲請有理由者,應為准許保全
證據之裁定。

　　　　　　前二項裁定,不得抗告。

第 219-5 條　　聲請保全證據,應以書狀為之。

　　　　　　聲請保全證據書狀,應記載下列事項:

　　　　　　一、案情概要。

　　　　　　二、應保全之證據及保全方法。

　　　　　　三、依該證據應證之事實。

　　　　　　四、應保全證據之理由。

　　　　　　前項第四款之理由,應釋明之。

第 219-6 條　　告訴人、犯罪嫌疑人、被告、辯護人或代理人於偵
查中,除有妨害證據保全之虞者外,對於其聲請保全之
證據,得於實施保全證據時在場。

　　　　　　保全證據之日、時及處所,應通知前項得在場之
人。但有急迫情形致不能及時通知,或犯罪嫌疑人、被
告受拘禁中者,不在此限。

第 219-7 條　　保全之證據於偵查中,由該管檢察官保管。但案件
在司法警察官或司法警察調查中,經法院為准許保全證
據之裁定者,由該司法警察官或司法警察所屬機關所在
地之地方法院檢察署檢察官保管之。

　　　　　　審判中保全之證據,由命保全之法院保管。但案件
繫屬他法院者,應送交該法院。

第 219-8 條　　證據保全,除有特別規定外,準用本章、前章及第
二百四十八條之規定。

第 十三 章　　裁判

第 220 條　　裁判，除依本法應以判決行之者外，以裁定行之。

第 221 條　　判決，除有特別規定外，應經當事人之言詞辯論為之。

第 222 條　　裁定因當庭之聲明而為之者，應經訴訟關係人之言詞陳述。

　　　　　　　為裁定前有必要時，得調查事實。

第 223 條　　判決應敘述理由，得為抗告或駁回聲明之裁定亦同。

第 224 條　　判決應宣示之。但不經言詞辯論之判決，不在此限。

　　　　　　　裁定以當庭所為者為限，應宣示之。

第 225 條　　宣示判決，應朗讀主文，說明其意義，並告以理由之要旨。

　　　　　　　宣示裁定，應告以裁定之意旨；其敘述理由者，並告以理由。

　　　　　　　前二項應宣示之判決或裁定，於宣示之翌日公告之，並通知當事人。

第 226 條　　裁判應制作裁判書者，應於裁判宣示後，當日將原本交付書記官。但於辯論終結之期日宣示判決者，應於五日內交付之。

　　　　　　　書記官應於裁判原本記明接受之年、月、日並簽名。

第 227 條　　裁判制作裁判書者，除有特別規定外，應以正本送達於當事人、代理人、辯護人及其他受裁判之人。

　　　　　　　前項送達，自接受裁判原本之日起，至遲不得逾七日。

第二編　第一審

第 一 章　公訴

第 一 節　偵查

第 228 條　檢察官因告訴、告發、自首或其他情事知有犯罪嫌
　　　　　疑者,應即開始偵查。

　　　　　　前項偵查,檢察官得限期命檢察事務官、第二百三
　　　　　十條之司法警察官或第二百三十一條之司法警察調查
　　　　　犯罪情形及蒐集證據,並提出報告。必要時,得將相關
　　　　　卷證一併發交。

　　　　　　實施偵查非有必要,不得先行傳訊被告。

　　　　　　被告經傳喚、自首或自行到場者,檢察官於訊問後
　　　　　認有第一百零一條第一項各款或第一百零一條之一第
　　　　　一項各款所定情形之一而無聲請羈押之必要者,得命具
　　　　　保、責付或限制住居。但認有羈押之必要者,得予逮捕,
　　　　　並將逮捕所依據之事實告知被告後,聲請法院羈押之。
　　　　　第九十三條第二項、第三項、第五項之規定於本項之情
　　　　　形準用之。

第 229 條　下列各員,於其管轄區域內為司法警察官,有協助
　　　　　檢察官偵查犯罪之職權:

　　　　　　一、警政署署長、警察局局長或警察總隊總隊長。

　　　　　　二、憲兵隊長官。

三、依法令關於特定事項，得行相當於前二款司法
警察官之職權者。

前項司法警察官，應將調查之結果，移送該管檢察
官；如接受被拘提或逮捕之犯罪嫌疑人，除有特別規定
外，應解送該管檢察官。但檢察官命其解送者，應即
解送。

被告或犯罪嫌疑人未經拘提或逮捕者，不得解送。

第 230 條　　下列各員為司法警察官，應受檢察官之指揮，偵查
犯罪：

一、警察官長。

二、憲兵隊官長、士官。

三、依法令關於特定事項，得行司法警察官之職
權者。

前項司法警察官知有犯罪嫌疑者，應即開始調查，
並將調查之情形報告該管檢察官及前條之司法警察官。

實施前項調查有必要時，得封鎖犯罪現場，並為即
時之勘察。

第 231 條　　下列各員為司法警察，應受檢察官及司法警察官之
命令，偵查犯罪：

一、警察。

二、憲兵。

三、依法令關於特定事項，得行司法警察之職
權者。

司法警察知有犯罪嫌疑者，應即開始調查，並將調
查之情形報告該管檢察官及司法警察官。

　　　　　　　實施前項調查有必要時，得封鎖犯罪現場，並為即時之勘察。

第 231-1 條　檢察官對於司法警察官或司法警察移送或報告之案件，認為調查未完備者，得將卷證發回，命其補足，或發交其他司法警察官或司法警察調查。司法警察官或司法警察應於補足或調查後，再行移送或報告。

　　　　　　　對於前項之補足或調查，檢察官得限定時間。

第 232 條　犯罪之被害人，得為告訴。

第 233 條　被害人之法定代理人或配偶，得獨立告訴。

　　　　　　　被害人已死亡者，得由其配偶、直系血親、三親等內之旁系血親、二親等內之姻親或家長、家屬告訴。但告訴乃論之罪，不得與被害人明示之意思相反。

第 234 條　刑法第二百三十條之妨害風化罪，非左列之人不得告訴：

　　　　　　　一、本人之直系血親尊親屬。

　　　　　　　二、配偶或其直系血親尊親屬。

　　　　　　　刑法第二百三十九條之妨害婚姻及家庭罪，非配偶不得告訴。

　　　　　　　刑法第二百四十條第二項之妨害婚姻及家庭罪，非配偶不得告訴。

　　　　　　　刑法第二百九十八條之妨害自由罪，被略誘人之直系血親、三親等內之旁系血親、二親等內之姻親或家長、家屬亦得告訴。

　　　　　　刑法第三百十二條之妨害名譽及信用罪，已死者之
　　　　配偶、直系血親、三親等內之旁系血親、二親等內之姻
　　　　親或家長、家屬得為告訴。

第 235 條　　被害人之法定代理人為被告或該法定代理人之配
　　　　偶或四親等內之血親、三親等內之姻親或家長、家屬
　　　　為被告者，被害人之直系血親、三親等內之旁系血親、
　　　　二親等內之姻親或家長、家屬得獨立告訴。

第 236 條　　告訴乃論之罪，無得為告訴之人或得為告訴之人不
　　　　能行使告訴權者，該管檢察官得依利害關係人之聲請
　　　　或依職權指定代行告訴人。

　　　　　　第二百三十三條第二項但書之規定，本條準用之。

第 236-1 條　告訴，得委任代理人行之。但檢察官或司法警察官
　　　　認為必要時，得命本人到場。

　　　　　　前項委任應提出委任書狀於檢察官或司法警察
　　　　官，並準用第二十八條及第三十二條之規定。

第 236-2 條　前條及第二百七十一條之一之規定，於指定代行告
　　　　訴人不適用之。

第 237 條　　告訴乃論之罪，其告訴應自得為告訴之人知悉犯人
　　　　之時起，於六個月內為之。

　　　　　　得為告訴人之有數人，其一人遲誤期間者，其效力
　　　　不及於他人。

第 238 條　　告訴乃論之罪，告訴人於第一審辯論終結前，得撤
　　　　回其告訴。

　　　　　　撤回告訴之人，不得再行告訴。

第 239 條　　告訴乃論之罪，對於共犯之一人告訴或撤回告訴者，其效力及於其他共犯。但刑法第二百三十九條之罪，對於配偶撤回告訴者，其效力不及於相姦人。

第 240 條　　不問何人知有犯罪嫌疑者，得為告發。

第 241 條　　公務員因執行職務知有犯罪嫌疑者，應為告發。

第 242 條　　告訴、告發，應以書狀或言詞向檢察官或司法警察官為之；其以言詞為之者，應製作筆錄。為便利言詞告訴、告發，得設置申告鈴。

　　　　　　檢察官或司法警察官實施偵查，發見犯罪事實之全部或一部係告訴乃論之罪而未經告訴者，於被害人或其他得為告訴之人到案陳述時，應訊問其是否告訴，記明筆錄。

　　　　　　第四十一條第二項至第四項及第四十三條之規定，於前二項筆錄準用之。

第 243 條　　刑法第一百十六條及第一百十八條請求乃論之罪，外國政府之請求，得經外交部長函請司法行政最高長官令知該管檢察官。

　　　　　　第二百三十八條及第二百三十九條之規定，於外國政府之請求準用之。

第 244 條　　自首向檢察官或司法警察官為之者，準用第二百四十二條之規定。

第 245 條　　偵查，不公開之。

　　　　　　被告或犯罪嫌疑人之辯護人，得於檢察官、檢察事務官、司法警察官或司法警察訊問該被告或犯罪嫌疑人時在場，並得陳述意見。但有事實足認其在場有妨害國

家機密或有湮滅、偽造、變造證據或勾串共犯或證人或妨害他人名譽之虞，或其行為不當足以影響偵查秩序者，得限制或禁止之。

檢察官、檢察事務官、司法警察官、司法警察、辯護人、告訴代理人或其他於偵查程序依法執行職務之人員，除依法令或為維護公共利益或保護合法權益有必要者外，不得公開揭露偵查中因執行職務知悉之事項。

偵查中訊問被告或犯罪嫌疑人時，應將訊問之日、時及處所通知辯護人。

但情形急迫者，不在此限。

第 246 條　遇被告不能到場，或有其他必要情形，得就其所在訊問之。

第 247 條　關於偵查事項，檢察官得請該管機關為必要之報告。

第 248 條　訊問證人、鑑定人時，如被告在場者，被告得親自詰問；詰問有不當者，檢察官得禁止之。

預料證人、鑑定人於審判時不能訊問者，應命被告在場。但恐證人、鑑定人於被告前不能自由陳述者，不在此限。

第 248-1 條　被害人於偵查中受訊問時，得由其法定代理人、配偶、直系或三親等內旁系血親、家長、家屬、醫師或社工人員陪同在場，並得陳述意見。於司法警察官或司法警察調查時，亦同。

第 249 條　實施偵查遇有急迫情形，得命在場或附近之人為相當之輔助。檢察官於必要時，並得請附近軍事官長派遣軍隊輔助。

第 250 條　　檢察官知有犯罪嫌疑而不屬其管轄或於開始偵查後認為案件不屬其管轄者，應即分別通知或移送該管檢察官。但有急迫情形時，應為必要之處分。

第 251 條　　檢察官依偵查所得之證據，足認被告有犯罪嫌疑者，應提起公訴。

被告之所在不明者，亦應提起公訴。

第 252 條　　案件有左列情形之一者，應為不起訴之處分：

一、曾經判決確定者。

二、時效已完成者。

三、曾經大赦者。

四、犯罪後之法律已廢止其刑罰者。

五、告訴或請求乃論之罪，其告訴或請求已經撤回或已逾告訴期間者。

六、被告死亡者。

七、法院對於被告無審判權者。

八、行為不罰者。

九、法律應免除其刑者。

一○、犯罪嫌疑不足者。

第 253 條　　第三百七十六條所規定之案件，檢察官參酌刑法第五十七條所列事項，認為以不起訴為適當者，得為不起訴之處分。

第 253-1 條　　被告所犯為死刑、無期徒刑或最輕本刑三年以上有期徒刑以外之罪，檢察官參酌刑法第五十七條所列事項及公共利益之維護，認以緩起訴為適當者，得定一年以

上三年以下之緩起訴期間為緩起訴處分，其期間自緩起訴處分確定之日起算。

追訴權之時效，於緩起訴之期間內，停止進行。

刑法第八十三條第三項之規定，於前項之停止原因，不適用之。

第三百二十三條第一項但書之規定，於緩起訴期間，不適用之。

第 253-2 條　檢察官為緩起訴處分者，得命被告於一定期間內遵守或履行下列各款事項：

一、向被害人道歉。

二、立悔過書。

三、向被害人支付相當數額之財產或非財產上之損害賠償。

四、向公庫或該管檢察署指定之公益團體、地方自治團體支付一定之金額。

五、向該管檢察署指定之政府機關、政府機構、行政法人、社區或其他符合公益目的之機構或團體提供四十小時以上二百四十小時以下之義務勞務。

六、完成戒癮治療、精神治療、心理輔導或其他適當之處遇措施。

七、保護被害人安全之必要命令。

八、預防再犯所為之必要命令。

　　　　　　　　檢察官命被告遵守或履行前項第三款至第六款之
事項，應得被告之同意；第三款、第四款並得為民事強
制執行名義。

　　　　　　　第一項情形，應附記於緩起訴處分書內。

　　　　　　　第一項之期間，不得逾緩起訴期間。

第253-3條　　被告於緩起訴期間內，有左列情形之一者，檢察
官得依職權或依告訴人之聲請撤銷原處分，繼續偵查
或起訴：

　　　　　　一、於期間內故意更犯有期徒刑以上刑之罪，經檢
　　　　　　　　察官提起公訴者。

　　　　　　二、緩起訴前，因故意犯他罪，而在緩起訴期間內
　　　　　　　　受有期徒刑以上刑之宣告者。

　　　　　　三、違背第二百五十三條之二第一項各款之應遵
　　　　　　　　守或履行事項者。

　　　　　　　檢察官撤銷緩起訴之處分時，被告已履行之部分，
不得請求返還或賠償。

第254條　　被告犯數罪時，其一罪已受重刑之確定判決，檢察
官認為他罪雖行起訴，於應執行之刑無重大關係者，得
為不起訴之處分。

第255條　　檢察官依第二百五十二條、第二百五十三條、第二
百五十三條之一、第二百五十三條之三、第二百五十四
條規定為不起訴、緩起訴或撤銷緩起訴或因其他法定理
由為不起訴處分者，應製作處分書敘述其處分之理由。
但處分前經告訴人或告發人同意者，處分書得僅記載處
分之要旨。

　　　　　　前項處分書，應以正本送達於告訴人、告發人、被
　　　　告及辯護人。緩起訴處分書，並應送達與遵守或履行行
　　　　為有關之被害人、機關、團體或社區。

　　　　　　前項送達，自書記官接受處分書原本之日起，不得
　　　　逾五日。

第 256 條　　　告訴人接受不起訴或緩起訴處分書後，得於七日內
　　　　以書狀敘述不服之理由，經原檢察官向直接上級法院
　　　　檢察署檢察長或檢察總長聲請再議。但第二百五十三
　　　　條、第二百五十三條之一之處分曾經告訴人同意者，
　　　　不得聲請再議。

　　　　　　不起訴或緩起訴處分得聲請再議者，其再議期間及
　　　　聲請再議之直接上級法院檢察署檢察長或檢察總長，應
　　　　記載於送達告訴人處分書正本。

　　　　　　死刑、無期徒刑或最輕本刑三年以上有期徒刑之案
　　　　件，因犯罪嫌疑不足，經檢察官為不起訴之處分，或第
　　　　二百五十三條之一之案件經檢察官為緩起訴之處分者，
　　　　如無得聲請再議之人時，原檢察官應依職權逕送直接上
　　　　級法院檢察署檢察長或檢察總長再議，並通知告發人。

第 256-1 條　　　被告接受撤銷緩起訴處分書後，得於七日內以書狀
　　　　敘述不服之理由，經原檢察官向直接上級法院檢察署檢
　　　　察長或檢察總長聲請再議。

　　　　　　前條第二項之規定，於送達被告之撤銷緩起訴處分
　　　　書準用之。

第 257 條　　　再議之聲請，原檢察官認為有理由者，應撤銷其處
　　　　分，除前條情形外，應繼續偵查或起訴。

　　　　　　原檢察官認聲請為無理由者，應即將該案卷宗及證物送交上級法院檢察署檢察長或檢察總長。

　　　　　　聲請已逾前二條之期間者，應駁回之。

　　　　　　原法院檢察署檢察長認為必要時，於依第二項之規定送交前，得親自或命令他檢察官再行偵查或審核，分別撤銷或維持原處分；其維持原處分者，應即送交。

第 258 條　　上級法院檢察署檢察長或檢察總長認再議為無理由者，應駁回之；認為有理由者，第二百五十六條之一之情形應撤銷原處分，第二百五十六條之情形應分別為左列處分：

　　　　　一、偵查未完備者，得親自或命令他檢察官再行偵查，或命令原法院檢察署檢察官續行偵查。

　　　　　二、偵查已完備者，命令原法院檢察署檢察官起訴。

第 258-1 條　　告訴人不服前條之駁回處分者，得於接受處分書後十日內委任律師提出理由狀，向該管第一審法院聲請交付審判。

　　　　　　律師受前項之委任，得檢閱偵查卷宗及證物並得抄錄或攝影。但涉及另案偵查不公開或其他依法應予保密之事項，得限制或禁止之。

　　　　　　第三十條第一項之規定，於前二項之情形準用之。

第 258-2 條　　交付審判之聲請，於法院裁定前，得撤回之，於裁定交付審判後第一審辯論終結前，亦同。

　　　　　　撤回交付審判之聲請，書記官應速通知被告。

　　　　　　撤回交付審判聲請之人，不得再行聲請交付審判。

第 258-3 條　　聲請交付審判之裁定，法院應以合議行之。

法院認交付審判之聲請不合法或無理由者，應駁回之；認為有理由者，應為交付審判之裁定，並將正本送達於聲請人、檢察官及被告。

法院為前項裁定前，得為必要之調查。

法院為交付審判之裁定時，視為案件已提起公訴。

被告對於第二項交付審判之裁定，得提起抗告；駁回之裁定，不得抗告。

第 258-4 條　　交付審判之程序，除法律別有規定外，適用第二編第一章第三節之規定。

第 259 條　　羈押之被告受不起訴或緩起訴之處分者，視為撤銷羈押，檢察官應將被告釋放，並應即時通知法院。

為不起訴或緩起訴之處分者，扣押物應即發還。但法律另有規定、再議期間內、聲請再議中或聲請法院交付審判中遇有必要情形，或應沒收或為偵查他罪或他被告之用應留存者，不在此限。

第 259-1 條　　檢察官依第二百五十三條或第二百五十三條之一為不起訴或緩起訴之處分者，對供犯罪所用、供犯罪預備或因犯罪所得之物，以屬於被告者為限，得單獨聲請法院宣告沒收。

第 260 條　　不起訴處分已確定或緩起訴處分期滿未經撤銷者，非有左列情形之一，不得對於同一案件再行起訴：

一、發現新事實或新證據者。

二、有第四百二十條第一項第一款、第二款、第四款或第五款所定得為再審原因之情形者。

第 261 條　　犯罪是否成立或刑罰應否免除，以民事法律關係為
　　　　　　　斷者，檢察官應於民事訴訟終結前，停止偵查。

第 262 條　　犯人不明者，於認有第二百五十二條所定之情形以
　　　　　　　前，不得終結偵查。

第 263 條　　第二百五十五條第二項及第三項之規定，於檢察官
　　　　　　　之起訴書準用之。

第 二 節　　起訴

第 264 條　　提起公訴，應由檢察官向管轄法院提出起訴書為之。
　　　　　　　起訴書，應記載左列事項：
　　　　　　　一、被告之姓名、性別、年齡、籍貫、職業、住所
　　　　　　　　　或居所或其他足資辨別之特徵。
　　　　　　　二、犯罪事實及證據並所犯法條。
　　　　　　　起訴時，應將卷宗及證物一併送交法院。

第 265 條　　於第一審辯論終結前，得就與本案相牽連之犯罪或
　　　　　　　本罪之誣告罪，追加起訴。
　　　　　　　追加起訴，得於審判期日以言詞為之。

第 266 條　　起訴之效力，不及於檢察官所指被告以外之人。

第 267 條　　檢察官就犯罪事實一部起訴者，其效力及於全部。

第 268 條　　法院不得就未經起訴之犯罪審判。

第 269 條　　檢察官於第一審辯論終結前，發見有應不起訴或以
　　　　　　　不起訴為適當之情形者，得撤回起訴。
　　　　　　　撤回起訴，應提出撤回書敘述理由。

第 270 條　　撤回起訴與不起訴處分有同一之效力，以其撤回書
　　　　　　　視為不起訴處分書，準用第二百五十五條至第二百六
　　　　　　　十條之規定。

第 三 節　審判

第 271 條　　審判期日，應傳喚被告或其代理人，並通知檢察
　　　　　　　官、辯護人、輔佐人。

　　　　　　　審判期日，應傳喚被害人或其家屬並予陳述意見之
　　　　　　　機會。但經合法傳喚無正當理由不到場，或陳明不願到
　　　　　　　場，或法院認為不必要或不適宜者，不在此限。

第 271-1 條　告訴人得於審判中委任代理人到場陳述意見。但法
　　　　　　　院認為必要時，得命本人到場。

　　　　　　　前項委任應提出委任書狀於法院，並準用第二十八
　　　　　　　條、第三十二條及第三十三條之規定。但代理人為非律
　　　　　　　師者於審判中，對於卷宗及證物不得檢閱、抄錄或攝影。

第 272 條　　第一次審判期日之傳票，至遲應於七日前送達；刑
　　　　　　　法第六十一條所列各罪之案件至遲應於五日前送達。

第 273 條　　法院得於第一次審判期日前，傳喚被告或其代理
　　　　　　　人，並通知檢察官、辯護人、輔佐人到庭，行準備程
　　　　　　　序，為下列各款事項之處理：

　　　　　　　一、起訴效力所及之範圍與有無應變更檢察官所
　　　　　　　　　引應適用法條之情形。

　　　　　　　二、訊問被告、代理人及辯護人對檢察官起訴事實
　　　　　　　　　是否為認罪之答辯，及決定可否適用簡式審判
　　　　　　　　　程序或簡易程序。

三、案件及證據之重要爭點。

四、有關證據能力之意見。

五、曉諭為證據調查之聲請。

六、證據調查之範圍、次序及方法。

七、命提出證物或可為證據之文書。

八、其他與審判有關之事項。

於前項第四款之情形，法院依本法之規定認定無證據能力者，該證據不得於審判期日主張之。

前條之規定，於行準備程序準用之。

第一項程序處理之事項，應由書記官製作筆錄，並由到庭之人緊接其記載之末行簽名、蓋章或按指印。

第一項之人經合法傳喚或通知，無正當理由不到庭者，法院得對到庭之人行準備程序。

起訴或其他訴訟行為，於法律上必備之程式有欠缺而其情形可補正者，法院應定期間，以裁定命其補正。

第 273-1 條　　除被告所犯為死刑、無期徒刑、最輕本刑為三年以上有期徒刑之罪或高等法院管轄第一審案件者外，於前條第一項程序進行中，被告先就被訴事實為有罪之陳述時，審判長得告知被告簡式審判程序之旨，並聽取當事人、代理人、辯護人及輔佐人之意見後，裁定進行簡式審判程序。

法院為前項裁定後，認有不得或不宜者，應撤銷原裁定，依通常程序審判之。

前項情形，應更新審判程序。但當事人無異議者，不在此限。

第 273-2 條　　簡式審判程序之證據調查，不受第一百五十九條第一項、第一百六十一條之二、第一百六十一條之三、第一百六十三條之一及第一百六十四條至第一百七十條規定之限制。

第 274 條　　法院於審判期日前，得調取或命提出證物。

第 275 條　　當事人或辯護人，得於審判期日前，提出證據及聲請法院為前條之處分。

第 276 條　　法院預料證人不能於審判期日到場者，得於審判期日前訊問之。

　　　　　　法院得於審判期日前，命為鑑定及通譯。

第 277 條　　法院得於審判期日前，為搜索、扣押及勘驗。

第 278 條　　法院得於審判期日前，就必要之事項，請求該管機關報告。

第 279 條　　行合議審判之案件，為準備審判起見，得以庭員一人為受命法官，於審判期日前，使行準備程序，以處理第二百七十三條第一項、第二百七十四條、第二百七十六條至第二百七十八條規定之事項。

　　　　　　受命法官行準備程序，與法院或審判長有同一之權限。但第一百二十一條之裁定，不在此限。

第 280 條　　審判期日，應由推事、檢察官及書記官出庭。

第 281 條　　審判期日，除有特別規定外，被告不到庭者，不得審判。

　　　　　　許被告用代理人之案件，得由代理人到庭。

第 282 條　　被告在庭時，不得拘束其身體。但得命人看守。

第 283 條　　被告到庭後，非經審判長許可，不得退庭。

　　　　　　審判長因命被告在庭，得為相當處分。

第 284 條　　第三十一條第一項所定之案件無辯護人到庭者，不得審判。但宣示判決，不在此限。

第 284-1 條　除簡式審判程序、簡易程序及第三百七十六條第一款、第二款所列之罪之案件外，第一審應行合議審判。

第 285 條　　審判期日，以朗讀案由為始。

第 286 條　　審判長依第九十四條訊問被告後，檢察官應陳述起訴之要旨。

第 287 條　　檢察官陳述起訴要旨後，審判長應告知被告第九十五條規定之事項。

第 287-1 條　法院認為適當時，得依職權或當事人或辯護人之聲請，以裁定將共同被告之調查證據或辯論程序分離或合併。

　　　　　　前項情形，因共同被告之利害相反，而有保護被告權利之必要者，應分離調查證據或辯論。

第 287-2 條　法院就被告本人之案件調查共同被告時，該共同被告準用有關人證之規定。

第 288 條　　調查證據應於第二百八十七條程序完畢後行之。

　　　　　　審判長對於準備程序中當事人不爭執之被告以外之人之陳述，得僅以宣讀或告以要旨代之。但法院認有必要者，不在此限。

　　　　　　除簡式審判程序案件外，審判長就被告被訴事實為訊問者，應於調查證據程序之最後行之。

　　　　　　審判長就被告科刑資料之調查，應於前項事實訊問後行之。

第 288-1 條　　審判長每調查一證據畢，應詢問當事人有無意見。
　　　　　　　　審判長應告知被告得提出有利之證據。

第 288-2 條　　法院應予當事人、代理人、辯護人或輔佐人，以辯
　　　　　　　　論證據證明力之適當機會。

第 288-3 條　　當事人、代理人、辯護人或輔佐人對於審判長或受
　　　　　　　　命法官有關證據調查或訴訟指揮之處分不服者，除有特
　　　　　　　　別規定外，得向法院聲明異議。
　　　　　　　　法院應就前項異議裁定之。

第 289 條　　　調查證據完畢後，應命依下列次序就事實及法律分
　　　　　　　　別辯論之：
　　　　　　　　一、檢察官。
　　　　　　　　二、被告。
　　　　　　　　三、辯護人。
　　　　　　　　已辯論者，得再為辯論，審判長亦得命再行辯論。
　　　　　　　　依前二項辯論後，審判長應予當事人就科刑範圍表
　　　　　　　　示意見之機會。

第 290 條　　　審判長於宣示辯論終結前，最後應詢問被告有無陳述。

第 291 條　　　辯論終結後，遇有必要情形，法院得命再開辯論。

第 292 條　　　審判期日，應由參與之推事始終出庭；如有更易
　　　　　　　　者，應更新審判程序。
　　　　　　　　參與審判期日前準備程序之推事有更易者，毋庸更
　　　　　　　　新其程序。

第 293 條　　　審判非一次期日所能終結者，除有特別情形外，應
　　　　　　　　於次日連續開庭；如下次開庭因事故間隔至十五日以
　　　　　　　　上者，應更新審判程序。

第 294 條　　被告心神喪失者，應於其回復以前停止審判。

被告因疾病不能到庭者，應於其能到庭以前停止審判。

前二項被告顯有應諭知無罪或免刑判決之情形者，得不待其到庭，逕行判決。

許用代理人案件委任有代理人者，不適用前三項之規定。

第 295 條　　犯罪是否成立以他罪為斷，而他罪已經起訴者，得於其判決確定前，停止本罪之審判。

第 296 條　　被告犯有他罪已經起訴應受重刑之判決，法院認為本罪科刑於應執行之刑無重大關係者，得於他罪判決確定前停止本罪之審判。

第 297 條　　犯罪是否成立或刑罰應否免除，以民事法律關係為斷，而民事已經起訴者，得於其程序終結前停止審判。

第 298 條　　第二百九十四條第一項、第二項及第二百九十五條至第二百九十七條停止審判之原因消滅時，法院應繼續審判，當事人亦得聲請法院繼續審判。

第 299 條　　被告犯罪已經證明者，應諭知科刑之判決。但免除其刑者，應諭知免刑之判決。

依刑法第六十一條規定，為前項免刑判決前，並得斟酌情形經告訴人或自訴人同意，命被告為左列各款事項：

一、向被害人道歉。

二、立悔過書。

三、向被害人支付相當數額之慰撫金。

前項情形，應附記於判決書內。

第二項第三款並得為民事強制執行名義。

第 300 條　前條之判決，得就起訴之犯罪事實，變更檢察官所引應適用之法條。

第 301 條　不能證明被告犯罪或其行為不罰者應諭知無罪之判決。

依刑法第十八條第一項或第十九條第一項其行為不罰，認為有諭知保安處分之必要者，並應諭知其處分及期間。

第 302 條　案件有左列情形之一者，應諭知免訴之判決：

一、曾經判決確定者。

二、時效已完成者。

三、曾經大赦者。

四、犯罪後之法律已廢止其刑罰者。

第 303 條　案件有下列情形之一者，應諭知不受理之判決：

一、起訴之程序違背規定者。

二、已經提起公訴或自訴之案件，在同一法院重行起訴者。

三、告訴或請求乃論之罪，未經告訴、請求或其告訴、請求經撤回或已逾告訴期間者。

四、曾為不起訴處分、撤回起訴或緩起訴期滿未經撤銷，而違背第二百六十條之規定再行起訴者。

五、被告死亡或為被告之法人已不存續者。

六、對於被告無審判權者。

七、依第八條之規定不得為審判者。

第 304 條　　無管轄權之案件，應諭知管轄錯誤之判決，並同時諭知移送於管轄法院。

第 305 條　　被告拒絕陳述者，得不待其陳述逕行判決；其未受許可而退庭者亦同。

第 306 條　　法院認為應科拘役、罰金或應諭知免刑或無罪之案件，被告經合法傳喚無正當理由不到庭者，得不待其陳述逕行判決。

第 307 條　　第一百六十一條第四項、第三百零二條至第三百零四條之判決，得不經言詞辯論為之。

第 308 條　　判決書應分別記載其裁判之主文與理由；有罪之判決書並應記載犯罪事實，且得與理由合併記載。

第 309 條　　有罪之判決書，應於主文內載明所犯之罪，並分別情形，記載下列事項：

　　　　　　一、諭知之主刑、從刑或刑之免除。

　　　　　　二、諭知有期徒刑或拘役者，如易科罰金，其折算之標準。

　　　　　　三、諭知罰金者，如易服勞役，其折算之標準。

　　　　　　四、諭知易以訓誡者，其諭知。

　　　　　　五、諭知緩刑者，其緩刑之期間。

　　　　　　六、諭知保安處分者，其處分及期間。

第 310 條　　有罪之判決書，應於理由內分別情形記載左列事項：

　　　　　　一、認定犯罪事實所憑之證據及其認定之理由。

　　　　　　二、對於被告有利之證據不採納者，其理由。

　　　　　　三、科刑時就刑法第五十七條或第五十八條規定事項所審酌之情形。

四、刑罰有加重、減輕或免除者，其理由。

五、易以訓誡或緩刑者，其理由。

六、諭知保安處分者，其理由。

七、適用之法律。

第 310-1 條　　有罪判決，諭知六月以下有期徒刑或拘役得易科罰金、罰金或免刑者，其判決書得僅記載判決主文、犯罪事實、證據名稱、對於被告有利證據不採納之理由及應適用之法條。

前項判決，法院認定之犯罪事實與起訴書之記載相同者，得引用之。

第 310-2 條　　適用簡式審判程序之有罪判決書之製作，準用第四百五十四條之規定。

第 311 條　　宣示判決，應自辯論終結之日起十四日內為之。

第 312 條　　宣示判決，被告雖不在庭亦應為之。

第 313 條　　宣示判決，不以參與審判之推事為限。

第 314 條　　判決得為上訴者，其上訴期間及提出上訴狀之法院，應於宣示時一併告知，並應記載於送達被告之判決正本。

前項判決正本，並應送達於告訴人及告發人，告訴人於上訴期間內，得向檢察官陳述意見。

第 314-1 條　　有罪判決之正本，應附記論罪之法條全文。

第 315 條　　犯刑法偽證及誣告罪章或妨害名譽及信用罪章之罪者，因被害人或其他有告訴權人之聲請，得將判決書全部或一部登報，其費用由被告負擔。

第 316 條　　羈押之被告，經諭知無罪、免訴、免刑、緩刑、罰金或易以訓誡或第三百零三條第三款、第四款不受理之判決者，視為撤銷羈押。但上訴期間內或上訴中，得命具保、責付或限制住居；如不能具保、責付或限制住居，而有必要情形者，並得繼續羈押之。

第 317 條　　扣押物未經諭知沒收者，應即發還。但上訴期間內或上訴中遇有必要情形，得繼續扣押之。

第 318 條　　扣押之贓物，依第一百四十二條第一項應發還被害人者，應不待其請求即行發還。

　　　　　　依第一百四十二條第二項暫行發還之物無他項諭知者，視為已有發還之裁定。

第　二　章　　自訴

第 319 條　　犯罪之被害人得提起自訴。但無行為能力或限制行為能力或死亡者，得由其法定代理人、直系血親或配偶為之。

　　　　　　前項自訴之提起，應委任律師行之。

　　　　　　犯罪事實之一部提起自訴者，他部雖不得自訴亦以得提起自訴論。但不得提起自訴部分係較重之罪，或其第一審屬於高等法院管轄，或第三百二十一條之情形者，不在此限。

第 320 條　　自訴，應向管轄法院提出自訴狀為之。

　　　　　　自訴狀應記載下列事項：

　　　　　　一、被告之姓名、性別、年齡、住所或居所，或其他足資辨別之特徵。

二、犯罪事實及證據並所犯法條。

前項犯罪事實，應記載構成犯罪之具體事實及其犯罪之日、時、處所、方法。

自訴狀應按被告之人數，提出繕本。

第 321 條　對於直系尊親屬或配偶，不得提起自訴。

第 322 條　告訴或請求乃論之罪，已不得為告訴或請求者，不得再行自訴。

第 323 條　同一案件經檢察官依第二百二十八條規定開始偵查者，不得再行自訴。但告訴乃論之罪，經犯罪之直接被害人提起自訴者，不在此限。

於開始偵查後，檢察官知有自訴在先或前項但書之情形者，應即停止偵查，將案件移送法院。但遇有急迫情形，檢察官仍應為必要之處分。

第 324 條　同一案件經提起自訴者，不得再行告訴或為第二百四十三條之請求。

第 325 條　告訴或請求乃論之罪，自訴人於第一審辯論終結前，得撤回其自訴。

撤回自訴，應以書狀為之。但於審判期日或受訊問時，得以言詞為之。

書記官應速將撤回自訴之事由，通知被告。

撤回自訴之人，不得再行自訴或告訴或請求。

第 326 條　法院或受命法官，得於第一次審判期日前，訊問自訴人、被告及調查證據，於發現案件係民事或利用自訴程序恫嚇被告者，得曉諭自訴人撤回自訴。

前項訊問不公開之；非有必要，不得先行傳訊被告。

　　　　第一項訊問及調查結果，如認為案件有第二百五十二條、第二百五十三條、第二百五十四條之情形者，得以裁定駁回自訴，並準用第二百五十三條之二第一項第一款至第四款、第二項及第三項之規定。

　　　　駁回自訴之裁定已確定者，非有第二百六十條各款情形之一，不得對於同一案件再行自訴。

第 327 條　　命自訴代理人到場，應通知之；如有必要命自訴人本人到場者，應傳喚之。

　　　　第七十一條、第七十二條及第七十三條之規定，於自訴人之傳喚準用之。

第 328 條　　法院於接受自訴狀後，應速將其繕本送達於被告。

第 329 條　　檢察官於審判期日所得為之訴訟行為，於自訴程序，由自訴代理人為之。

　　　　自訴人未委任代理人，法院應定期間以裁定命其委任代理人；逾期仍不委任者，應諭知不受理之判決。

第 330 條　　法院應將自訴案件之審判期日通知檢察官。

　　　　檢察官對於自訴案件，得於審判期日出庭陳述意見。

第 331 條　　自訴代理人經合法通知無正當理由不到庭，應再行通知，並告知自訴人。

　　　　自訴代理人無正當理由仍不到庭者，應諭知不受理之判決。

第 332 條　　自訴人於辯論終結前，喪失行為能力或死亡者，得由第三百十九條第一項所列得為提起自訴之人，於一

個月內聲請法院承受訴訟；如無承受訴訟之人或逾期不為承受者，法院應分別情形，逕行判決或通知檢察官擔當訴訟。

第 333 條　　犯罪是否成立或刑罰應否免除，以民事法律關係為斷，而民事未起訴者，停止審判，並限期命自訴人提起民事訴訟，逾期不提起者，應以裁定駁回其自訴。

第 334 條　　不得提起自訴而提起者，應諭知不受理之判決。

第 335 條　　諭知管轄錯誤之判決者，非經自訴人聲明，毋庸移送案件於管轄法院。

第 336 條　　自訴案件之判決書，並應送達於該管檢察官。

　　　　　　檢察官接受不受理或管轄錯誤之判決書後，認為應提起公訴者，應即開始或續行偵查。

第 337 條　　第三百十四條第一項之規定，於自訴人準用之。

第 338 條　　提起自訴之被害人犯罪，與自訴事實直接相關，而被告為其被害人者，被告得於第一審辯論終結前，提起反訴。

第 339 條　　反訴，準用自訴之規定。

第 340 條　　（刪除）

第 341 條　　反訴應與自訴同時判決。但有必要時，得於自訴判決後判決之。

第 342 條　　自訴之撤回，不影響於反訴。

第 343 條　　自訴程序，除本章有特別規定外，準用第二百四十六條、第二百四十九條及前章第二節、第三節關於公訴之規定。

第三編　　上訴

第 一 章　　通則

第 344 條　　當事人對於下級法院之判決有不服者，得上訴於上級法院。

　　自訴人於辯論終結後喪失行為能力或死亡者，得由第三百十九條第一項所

　　列得為提起自訴之人上訴。

　　告訴人或被害人對於下級法院之判決有不服者，亦得具備理由，請求檢察官上訴。

　　檢察官為被告之利益，亦得上訴。

　　宣告死刑或無期徒刑之案件，原審法院應不待上訴依職權逕送該管上級法院審判，並通知當事人。

　　前項情形，視為被告已提起上訴。

第 345 條　　被告之法定代理人或配偶，得為被告之利益獨立上訴。

第 346 條　　原審之代理人或辯護人，得為被告之利益而上訴。但不得與被告明示之意思相反。

第 347 條　　檢察官對於自訴案之判決，得獨立上訴。

第 348 條　　上訴得對於判決之一部為之；未聲明為一部者，視為全部上訴。

　　對於判決之一部上訴者，其有關係之部分，視為亦已上訴。

第 349 條　　上訴期間為十日，自送達判決後起算。但判決宣示後送達前之上訴，亦有效力。

第 350 條　　提起上訴，應以上訴書狀提出於原審法院為之。

上訴書狀，應按他造當事人之人數，提出繕本。

第 351 條　　在監獄或看守所之被告，於上訴期間內向監所長官提出上訴書狀者，視為上訴期間內之上訴。

被告不能自作上訴書狀者，監所公務員應為之代作。

監所長官接受上訴書狀後，應附記接受之年、月、日、時，送交原審法院。

被告之上訴書狀，未經監所長官提出者，原審法院之書記官於接到上訴書狀後，應即通知監所長官。

第 352 條　　原審法院書記官，應速將上訴書狀之繕本，送達於他造當事人。

第 353 條　　當事人得捨棄其上訴權。

第 354 條　　上訴於判決前，得撤回之。案件經第三審法院發回原審法院，或發交與原審法院同級之他法院者，亦同。

第 355 條　　為被告之利益而上訴者，非得被告之同意，不得撤回。

第 356 條　　自訴人上訴者，非得檢察官之同意，不得撤回。

第 357 條　　捨棄上訴權，應向原審法院為之。

撤回上訴，應向上訴審法院為之。但於該案卷宗送交上訴審法院以前，得向原審法院為之。

第 358 條　　捨棄上訴權及撤回上訴，應以書狀為之。但於審判期日，得以言詞為之。

　　　　　　　第三百五十一條之規定，於被告捨棄上訴權或撤回
上訴準用之。

第 359 條　　捨棄上訴權或撤回上訴者，喪失其上訴權。

第 360 條　　捨棄上訴權或撤回上訴，書記官應速通知他造當
事人。

第 二 章　　第二審

第 361 條　　不服地方法院之第一審判決而上訴者，應向管轄第
二審之高等法院為之。

　　　　　　　上訴書狀應敘述具體理由。

　　　　　　　上訴書狀未敘述上訴理由者，應於上訴期間屆滿後
二十日內補提理由書於原審法院。逾期未補提者，原審
法院應定期間先命補正。

第 362 條　　原審法院認為上訴不合法律上之程式或法律上不
應准許或其上訴權已經喪失者，應以裁定駁回之。但
其不合法律上之程式可補正者，應定期間先命補正。

第 363 條　　除前條情形外，原審法院應速將該案卷宗及證物送
交第二審法院。

　　　　　　　被告在看守所或監獄而不在第二審法院所在地
者，原審法院應命將被告解

　　　　　　　送第二審法院所在地之看守所或監獄，並通知第二
審法院。

第 364 條　　第二審之審判，除本章有特別規定外，準用第一審
審判之規定。

第 365 條　　審判長依第九十四條訊問被告後，應命上訴人陳述上訴之要旨。

第 366 條　　第二審法院，應就原審判決經上訴之部分調查之。

第 367 條　　第二審法院認為上訴書狀未敘述理由或上訴有第三百六十二條前段之情形者，應以判決駁回之。但其情形可以補正而未經原審法院命其補正者，審判長應定期間先命補正。

第 368 條　　第二審法院認為上訴無理由者，應以判決駁回之。

第 369 條　　第二審法院認為上訴有理由，或上訴雖無理由，而原判不當或違法者，應將原審判決經上訴之部份撤銷，就該案件自為判決。但因原審判決諭知管轄錯誤、免訴、不受理係不當而撤銷之者，得以判決將該案件發回原審法院。

　　　　　　第二審法院因原審判決未諭知管轄錯誤係不當而撤銷之者，如第二審法院有第一審管轄權，應為第一審之判決。

第 370 條　　由被告上訴或為被告之利益而上訴者，第二審法院不得諭知較重於原審判決之刑。但因原審判決適用法條不當而撤銷之者，不在此限。

第 371 條　　被告合法傳喚，無正當之理由不到庭者，得不待其陳述，逕行判決。

第 372 條　　第三百六十七條之判決及對於原審諭知管轄錯誤、免訴或不受理之判決上
　　　　　　訴時，第二審法院認其為無理由而駁回上訴，或認為有理由而發回該案件之判決，得不經言詞辯論為之。

第 373 條　　第二審判決書，得引用第一審判決書所記載之事實、證據及理由，對案情重要事項第一審未予論述，或於第二審提出有利於被告之證據或辯解不予採納者，應補充記載其理由。

第 374 條　　第二審判決，被告或自訴人得為上訴者，應併將提出上訴理由書之期間，記載於送達之判決正本。

第 三 章　　第三審

第 375 條　　不服高等法院之第二審或第一審判決而上訴者，應向最高法院為之。

最高法院審判不服高等法院第一審判決之上訴，亦適用第三審程序。

第 376 條　　左列各罪之案件，經第二審判決者，不得上訴於第三審法院。

一、最重本刑為三年以下有期徒刑、拘役或專科罰金之罪。

二、刑法第三百二十條、第三百二十一條之竊盜罪。

三、刑法第三百三十五條、第三百三十六條第二項之侵占罪。

四、刑法第三百三十九條、第三百四十一條之詐欺罪。

五、刑法第三百四十二條之背信罪。

六、刑法第三百四十六條之恐嚇罪。

七、刑法第三百四十九條第二項之贓物罪。

第 377 條　　上訴於第三審法院，非以判決違背法令為理由，不得為之。

第 378 條　　判決不適用法則或適用不當者，為違背法令。

第 379 條　　有左列情形之一者，其判決當然違背法令：

一、法院之組織不合法者。

二、依法律或裁判應迴避之法官參與審判者。

三、禁止審判公開非依法律之規定者。

四、法院所認管轄之有無係不當者。

五、法院受理訴訟或不受理訴訟係不當者。

六、除有特別規定外，被告未於審判期日到庭而逕行審判者。

七、依本法應用辯護人之案件或已經指定辯護人之案件，辯護人未經到庭辯護而逕行審判者。

八、除有特別規定外，未經檢察官或自訴人到庭陳述而為審判者。

九、依本法應停止或更新審判而未經停止或更新者。

一〇、依本法應於審判期日調查之證據而未予調查者。

一一、未與被告以最後陳述之機會者。

一二、除本法有特別規定外，已受請求之事項未予判決，或未受請求之事項予以判決者。

一三、未經參與審理之法官參與判決者。

一四、判決不載理由或所載理由矛盾者。

第 380 條　　除前條情形外，訴訟程序雖係違背法令而顯然於判決無影響者，不得為上訴之理由。

第 381 條　　原審判決後，刑罰有廢止、變更或免除者，得為上訴之理由。

第 382 條　　上訴書狀應敘述上訴之理由；其未敘述者，得於提起上訴後十日內補提理由書於原審法院；未補提者，毋庸命其補提。

　　　　　　第三百五十條第二項、第三百五十一條及第三百五十二條之規定，於前項理由書準用之。

第 383 條　　他造當事人接受上訴書狀或補提理由書之送達後，得於十日內提出答辯書於原審法院。

　　　　　　如係檢察官為他造當事人者，應就上訴之理由提出答辯書。

　　　　　　答辯書應提出繕本，由原審法院書記官送達於上訴人。

第 384 條　　原審法院認為上訴不合法律上之程式或法律上不應准許或其上訴權已經喪失者，應以裁定駁回之。但其不合法律上之程式可補正者，應定期間先命補正。

第 385 條　　除前條情形外，原審法院於接受答辯書或提出答辯書之期間已滿後，應速將該案卷宗及證物，送交第三審法院之檢察官。

　　　　　　第三審法院之檢察官接受卷宗及證物後，應於七日內添具意見書送交第三審法院。但於原審法院檢察官提出之上訴書或答辯書外無他意見者，毋庸添具意見書。

　　　　　　無檢察官為當事人之上訴案件，原審法院應將卷宗及證物逕送交第三審法院。

第 386 條　　上訴人及他造當事人，在第三審法院未判決前，得提出上訴理由書、答辯書、意見書或追加理由書於第三審法院。

前項書狀，應提出繕本，由第三審法院書記官送達於他造當事人。

第 387 條　　第三審之審判，除本章有特別規定外，準用第一審審判之規定。

第 388 條　　第三十一條之規定於第三審之審判不適用之。

第 389 條　　第三審法院之判決，不經言詞辯論為之。但法院認為有必要者，得命辯論。

前項辯論，非以律師充任之代理人或辯護人，不得行之。

第 390 條　　第三審法院於命辯論之案件，得以庭員一人為受命推事，調查上訴及答辯之要旨，制作報告書。

第 391 條　　審判期日，受命推事應於辯論前，朗讀報告書。

檢察官或代理人、辯護人應先陳述上訴之意旨，再行辯論。

第 392 條　　審判期日，被告或自訴人無代理人、辯護人到庭者，應由檢察官或他造當事人之代理人、辯護人陳述後，即行判決。被告及自訴人均無代理人、辯護人到庭者，得不行辯論。

第 393 條　　第三審法院之調查，以上訴理由所指摘之事項為限。但左列事項，得依職權調查之：

一、第三百七十九條各款所列之情形。

二、免訴事由之有無。

三、對於確定事實援用法令之當否。

四、原審判決後刑罰之廢止、變更或免除。

五、原審判決後之赦免或被告死亡。

第 394 條　　第三審法院應以第二審判決所確認之事實為判決基礎。但關於訴訟程序及得依職權調查之事項,得調查事實。

前項調查,得以受命推事行之,並得囑託他法院之推事調查。

前二項調查之結果,認為起訴程序違背規定者,第三審法院得命其補正;其法院無審判權而依原審判決後之法令有審判權者,不以無審判權論。

第 395 條　　第三審法院認為上訴有第三百八十四條之情形者,應以判決駁回之;其以逾第三百八十二條第一項所定期間,而於第三審法院未判決前,仍未提出上訴理由書狀者亦同。

第 396 條　　第三審法院認為上訴無理由者,應以判決駁回之。

前項情形,得同時諭知緩刑。

第 397 條　　第三審法院認為上訴有理由者,應將原審判決中經上訴之部份撤銷。

第 398 條　　第三審法院因原審判決有左列情形之一而撤銷之者,應就該案件自為判決。但應為後二條之判決者,不在此限:

一、雖係違背法令,而不影響於事實之確定,可據以為裁判者。

二、應諭知免訴或不受理者。

三、有三百九十三條第四款或第五款之情形者。

第 399 條　　第三審法院因原審判決諭知管轄錯誤、免訴或不受理係不當而撤銷之者，應以判決將該案件發回原審法院。但有必要時，得逕行發回第一審法院。

第 400 條　　第三審法院因原審法院未諭知管轄錯誤係不當而撤銷之者，應以判決將該案件發交該管第二審或第一審法院。但第四條所列之案件，經有管轄權之原審法院為第二審判決者，不以管轄錯誤論。

第 401 條　　第三審法院因前三條以外之情形而撤銷原審判決者，應以判決將該案件發回原審法院，或發交與原審法院同級之他法院。

第 402 條　　為被告之利益而撤銷原審判決時，如於共同被告有共同之撤銷理由者，其利益並及於共同被告。

第四編　　抗告

第 403 條　　當事人對於法院之裁定有不服者，除有特別規定外，得抗告於直接上級法院。

證人、鑑定人、通譯及其他非當事人受裁定者，亦得抗告。

第 404 條　　對於判決前關於管轄或訴訟程序之裁定，不得抗告。但下列裁定，不在此限：

一、有得抗告之明文規定者。

二、關於羈押、具保、責付、限制住居、搜索、扣押或扣押物發還、因鑑定將被告送入醫院或其

　　　　　　　　他處所之裁定及依第一百零五條第三項、第四
　　　　　　　　項所為之禁止或扣押之裁定。

第 405 條　　不得上訴於第三審法院之案件，其第二審法院所為
　　　　　　裁定，不得抗告。

第 406 條　　抗告期間，除有特別規定外，為五日，自送達裁定
　　　　　　後起算。但裁定經宣示者，宣示後送達前之抗告，亦
　　　　　　有效力。

第 407 條　　提起抗告，應以抗告書狀，敘述抗告之理由，提出
　　　　　　於原審法院為之。

第 408 條　　原審法院認為抗告不合法律上之程式或法律上
　　　　　　不應准許，或其抗告權已經喪失者，應以裁定駁回
　　　　　　之。但其不合法律上之程式可補正者，應定期間先命
　　　　　　補正。

　　　　　　　原審法院認為抗告有理由者，應更正其裁定；認為
　　　　　　全部或一部無理由者，應於接受抗告書狀後三日內，送
　　　　　　交抗告法院，並得添具意見書。

第 409 條　　抗告無停止執行裁判之效力。但原審法院於抗告法
　　　　　　院之裁定前，得以裁定停止執行。

　　　　　　　抗告法院得以裁定停止裁判之執行。

第 410 條　　原審法院認為有必要者，應將該案卷宗及證物送交
　　　　　　抗告法院。

　　　　　　　抗告法院認為有必要者，得請原審法院送交該案卷
　　　　　　宗及證物。

　　　　　　　抗告法院收到該案卷宗及證物後，應於十日內
　　　　　　裁定。

第 411 條　　抗告法院認為抗告有第四百零八條第一項前段之情形者，應以裁定駁回之。但其情形可以補正而未經原審法院命其補正者，審判長應定期間先命補正。

第 412 條　　抗告法院認為抗告無理由者，應以裁定駁回之。

第 413 條　　抗告法院認為抗告有理由者，應以裁定將原裁定撤銷；於有必要時，並自為裁定。

第 414 條　　抗告法院之裁定，應速通知原審法院。

第 415 條　　對於抗告法院之裁定，不得再行抗告。但對於其就左列抗告所為之裁定，得提起再抗告：

一、對於駁回上訴之裁定抗告者。

二、對於因上訴逾期聲請回復原狀之裁定抗告者。

三、對於聲請再審之裁定抗告者。

四、對於第四百七十七條定刑之裁定抗告者。

五、對於第四百八十六條聲明疑義或異議之裁定抗告者。

六、證人、鑑定人、通譯及其他非當事人對於所受之裁定抗告者。

前項但書之規定，於依第四百零五條不得抗告之裁定，不適用之。

第 416 條　　對於審判長、受命法官、受託法官或檢察官所為下列處分有不服者，受處分人得聲請所屬法院撤銷或變更之。

一、關於羈押、具保、責付、限制住居、搜索、扣押或扣押物發還、因鑑定將被告送入醫院或其他處所之處分及第一百零五條第三項、第四項所為之禁止或扣押之處分。

二、對於證人、鑑定人或通譯科罰鍰之處分。

前項之搜索、扣押經撤銷者，審判時法院得宣告所扣得之物，不得作為證據。

第一項聲請期間為五日，自為處分之日起算，其為送達者，自送達後起算。

第四百零九條至第四百十四條之規定，於本條準用之。

第二十一條第一項之規定，於聲請撤銷或變更受託法官之裁定者準用之。

第 417 條　前條聲請應以書狀敘述不服之理由，提出於該管法院為之。

第 418 條　法院就第四百十六條之聲請所為裁定，不得抗告。但對於其就撤銷罰鍰之聲請而為者，得提起抗告。

依本編規定得提起抗告，而誤為撤銷或變更之聲請者，視為已提抗告；其得為撤銷或變更之聲請而誤為抗告者，視為已有聲請。

第 419 條　抗告，除本章有特別規定外，準用第三編第一章關於上訴之規定。

第五編　再審

第 420 條　有罪之判決確定後，有左列情形之一者，為受判決人之利益，得聲請再審：

一、原判決所憑之證物已證明其為偽造或變造者。

二、原判決所憑之證言、鑑定或通譯已證明其為虛
偽者。

三、受有罪判決之人，已證明其係被誣告者。

四、原判決所憑之通常法院或特別法院之裁判已
經確定裁判變更者。

五、參與原判決或前審判決或判決前所行調查之
法官，或參與偵查或起訴之檢察官，因該案件
犯職務上之罪已經證明者，或因該案件違法失
職已受懲戒處分，足以影響原判決者。

六、因發現確實之新證據，足認受有罪判決之人應
受無罪、免訴、免刑或輕於原判決所認罪名之
判決者。

前項第一款至第三款及第五款情形之證明，以經判
決確定，或其刑事訴訟不能開始或續行非因證據不足者
為限，得聲請再審。

第 421 條　不得上訴於第三審法院之案件，除前條規定外，其
經第二審確定之有罪判決，如就足生影響於判決之重要
證據漏未審酌者，亦得為受判決人之利益，聲請再審。

第 422 條　有罪、無罪、免訴或不受理之判決確定後，有左列
情形之一者，為受判決人之不利益，得聲請再審：

一、有第四百二十條第一款、第二款、第四款或第
五款之情形者。

二、受無罪或輕於相當之刑之判決，而於訴訟上或
訴訟外自白，或發現確實之新證據，足認其有
應受有罪或重刑判決之犯罪事實者。

三、受免訴或不受理之判決，而於訴訟上或訴訟外
　　自述，或發見確實之新證據，足認其並無免訴
　　或不受理之原因者。

第 423 條　　聲請再審於刑罰執行完畢後，或已不受執行時，亦
　　　　　　得為之。

第 424 條　　依第四百二十一條規定，因重要證據漏未審酌而聲
　　　　　　請再審者，應於送達判決後二十日內為之。

第 425 條　　為受判決人之不利益聲請再審，於判決確定
　　　　　　後，經過刑法第八十條第一項期間二分之一者，不
　　　　　　得為之。

第 426 條　　聲請再審，由判決之原審法院管轄。

　　　　　　判決之一部曾經上訴，一部未經上訴，對於各該部
　　　　　　分均聲請再審，而經第二審法院就其在上訴審確定之部
　　　　　　分為開始再審之裁定者，其對於在第一審確定之部分聲
　　　　　　請再審，亦應由第二審法院管轄之。

　　　　　　判決在第三審確定者，對於該判決聲請再審，除以
　　　　　　第三審法院之推事有第四百二十條第五款情形為原因
　　　　　　者外，應由第二審法院管轄之。

第 427 條　　為受判決人之利益聲請再審，得由左列各人為之：
　　　　　　一、管轄法院之檢察官。
　　　　　　二、受判決人。
　　　　　　三、受判決人之法定代理人或配偶。
　　　　　　四、受判決人已死亡者，其配偶、直系血親、三親
　　　　　　　　等內之旁系血親、二親等內之姻親或家長、
　　　　　　　　家屬。

第 428 條　　為受判決人之不利益聲請再審，得由管轄法院之檢
　　　　　　　察官及自訴人為之；但自訴人聲請再審者，以有第四
　　　　　　　百二十二條第一款規定之情形為限。
　　　　　　　自訴人已喪失行為能力或死亡者，得由第三百十九
　　　　　　　條第一項所列得為提起自訴之人，為前項之聲請。

第 429 條　　聲請再審，應以再審書狀敘述理由，附具原判決之
　　　　　　　繕本及證據，提出於管轄法院為之。

第 430 條　　聲請再審，無停止刑罰執行之效力。但管轄法院之
　　　　　　　檢察官於再審之裁定前，得命停止。

第 431 條　　再審之聲請，於再審判決前，得撤回之。
　　　　　　　撤回再審聲請之人，不得更以同一原因聲請再審。

第 432 條　　第三百五十八條及第三百六十條之規定，於聲請再
　　　　　　　審及其撤回準用之。

第 433 條　　法院認為聲請再審之程序違背規定者，應以裁定駁
　　　　　　　回之。

第 434 條　　法院認為無再審理由者，應以裁定駁回之。
　　　　　　　經前項裁定後，不得更以同一原因聲請再審。

第 435 條　　法院認為有再審理由者，應為開始再審之裁定。
　　　　　　　為前項裁定後，得以裁定停止刑罰之執行。
　　　　　　　對於第一項之裁定，得於三日內抗告。

第 436 條　　開始再審之裁定確定後，法院應依其審級之通常程
　　　　　　　序，更為審判。

第 437 條　　受判決人已死亡者，為其利益聲請再審之案件，應
　　　　　　　不行言詞辯論，由檢察官或自訴人以書狀陳述意見
　　　　　　　後，即行判決。但自訴人已喪失行為能力或死亡者，

得由第三百三十二條規定得為承受訴訟之人於一個月內聲請法院承受訴訟；如無承受訴訟之人或逾期不為承受者，法院得逕行判決，或通知檢察官陳述意見。

為受判決人之利益聲請再審之案件，受判決人於再審判決前死亡者，準用前項規定。

依前二項規定所為之判決，不得上訴。

第 438 條　為受判決人之不利益聲請再審之案件，受判決人於再審判決前死亡者，其再審之聲請及關於再審之裁定，失其效力。

第 439 條　為受判決人之利益聲請再審之案件，諭知有罪之判決者，不得重於原判決所諭知之刑。

第 440 條　為受判決人之利益聲請再審之案件，諭知無罪之判決者，應將該判決書刊登公報或其他報紙。

第六編　非常上訴

第 441 條　判決確定後，發見該案件之審判係違背法令者，最高法院檢察署檢察總長得向最高法院提起非常上訴。

第 442 條　檢察官發見有前條情形者，應具意見書將該案卷宗及證物送交最高法院檢察署檢察總長，聲請提起非常上訴。

第 443 條　提起非常上訴，應以非常上訴書敘述理由，提出於最高法院為之。

第 444 條　非常上訴之判決，不經言詞辯論為之。

第 445 條　　最高法院之調查，以非常上訴理由所指摘之事項為限。

　　　　　　　第三百九十四條之規定，於非常上訴準用之。

第 446 條　　認為非常上訴無理由者，應以判決駁回之。

第 447 條　　認為非常上訴有理由者，應分別為左列之判決：

　　　　　　　一、原判決違背法令者，將其違背之部分撤銷。但原判決不利於被告者，應就該案件另行判決。

　　　　　　　二、訴訟程序違背法令者，撤銷其程序。

　　　　　　　前項第一款情形，如係誤認為無審判權而不受理，或其他有維持被告審級利益之必要者，得將原判決撤銷，由原審法院依判決前之程序更為審判。

　　　　　　　但不得諭知較重於原確定判決之刑。

第 448 條　　非常上訴之判決，除依前條第一項第一款但書及第二項規定者外，其效力不及於被告。

第七編　　簡易程序

第 449 條　　第一審法院依被告在偵查中之自白或其他現存之證據，已足認定其犯罪者，得因檢察官之聲請，不經通常審判程序，逕以簡易判決處刑。但有必要時，應於處刑前訊問被告。

　　　　　　　前項案件檢察官依通常程序起訴，經被告自白犯罪，法院認為宜以簡易判決處刑者，得不經通常審判程序，逕以簡易判決處刑。

　　　　　　　依前二項規定所科之刑以宣告緩刑、得易科罰金或得易服社會勞動之有期徒刑及拘役或罰金為限。

第 449-1 條　　簡易程序案件，得由簡易庭辦理之。

第 450 條　　以簡易判決處刑時，得併科沒收或為其他必要之處分。

　　　　　　　第二百九十九條第一項但書之規定，於前項判決準用之。

第 451 條　　檢察官審酌案件情節，認為宜以簡易判決處刑者，應即以書面為聲請。

　　　　　　　第二百六十四條之規定，於前項聲請準用之。

　　　　　　　第一項聲請，與起訴有同一之效力。

　　　　　　　被告於偵查中自白者，得請求檢察官為第一項之聲請。

第 451-1 條　　前條第一項之案件，被告於偵查中自白者，得向檢察官表示願受科刑之範圍或願意接受緩刑之宣告，檢察官同意者，應記明筆錄，並即以被告之表示為基礎，向法院求刑或為緩刑宣告之請求。

　　　　　　　檢察官為前項之求刑或請求前，得徵詢被害人之意見，並斟酌情形，經被害人同意，命被告為左列各款事項：

　　　　　　　一、向被害人道歉。

　　　　　　　二、向被害人支付相當數額之賠償金。

　　　　　　　被告自白犯罪未為第一項之表示者，在審判中得向法院為之，檢察官亦得依被告之表示向法院求刑或請求為緩刑之宣告。

第一項及前項情形，法院應於檢察官求刑或緩刑宣告請求之範圍內為判決，但有左列情形之一者，不在此限：

一、被告所犯之罪不合第四百四十九條所定得以簡易判決處刑之案件者。

二、法院認定之犯罪事實顯然與檢察官據以求處罪刑之事實不符，或於審判中發現其他裁判上一罪之犯罪事實，足認檢察官之求刑顯不適當者。

三、法院於審理後，認應為無罪、免訴、不受理或管轄錯誤判決之諭知者。

四、檢察官之請求顯有不當或顯失公平者。

第 452 條　　檢察官聲請以簡易判決處刑之案件，經法院認為有第四百五十一條之一第四項但書之情形者，應適用通常程序審判之。

第 453 條　　以簡易判決處刑案件，法院應立即處分。

第 454 條　　簡易判決，應記載下列事項：

一、第五十一條第一項之記載。

二、犯罪事實及證據名稱。

三、應適用之法條。

四、第三百零九條各款所列事項。

五、自簡易判決送達之日起十日內，得提起上訴之曉示。但不得上訴者，不在此限。

前項判決書，得以簡略方式為之，如認定之犯罪事實、證據及應適用之法條，與檢察官聲請簡易判決處刑書或起訴書之記載相同者，得引用之。

第 455 條　　書記官接受簡易判決原本後，應立即製作正本為送達，並準用第三百十四條第二項之規定。

第 455-1 條　　對於簡易判決有不服者，得上訴於管轄之第二審地方法院合議庭。

　　　　　　　依第四百五十一條之一之請求所為之科刑判決，不得上訴。

　　　　　　　第一項之上訴，準用第三編第一章及第二章除第三百六十一條外之規定。

　　　　　　　對於適用簡易程序案件所為裁定有不服者，得抗告於管轄之第二審地方法院合議庭。

　　　　　　　前項之抗告，準用第四編之規定。

第七編之一　　協商程序

第 455-2 條　　除所犯為死刑、無期徒刑、最輕本刑三年以上有期徒刑之罪或高等法院管轄第一審案件者外，案件經檢察官提起公訴或聲請簡易判決處刑，於第一審言詞辯論終結前或簡易判決處刑前，檢察官得於徵詢被害人之意見後，逕行或依被告或其代理人、辯護人之請求，經法院同意，就下列事項於審判外進行協商，經當事人雙方合意且被告認罪者，由檢察官聲請法院改依協商程序而為判決：

　　　　　　　一、被告願受科刑之範圍或願意接受緩刑之宣告。

　　　　　　　二、被告向被害人道歉。

　　　　　　　三、被告支付相當數額之賠償金。

四、被告向公庫或指定之公益團體、地方自治團體
　　支付一定之金額。

　　檢察官就前項第二款、第三款事項與被告協商，應
得被害人之同意。

　　第一項之協商期間不得逾三十日。

第 455-3 條　　法院應於接受前條之聲請後十日內，訊問被告並告
以所認罪名、法定刑及所喪失之權利。

　　被告得於前項程序終結前，隨時撤銷協商之合意。
被告違反與檢察官協議之內容時，檢察官亦得於前項程
序終結前，撤回協商程序之聲請。

第 455-4 條　　有下列情形之一者，法院不得為協商判決：

一、有前條第二項之撤銷合意或撤回協商聲請者。

二、被告協商之意思非出於自由意志者。

三、協商之合意顯有不當或顯失公平者。

四、被告所犯之罪非第四百五十五條之二第一項
　　所定得以聲請協商判決者。

五、法院認定之事實顯與協商合意之事實不符者。

六、被告有其他較重之裁判上一罪之犯罪事實者。

七、法院認應諭知免刑或免訴、不受理者。

　　除有前項所定情形之一者外，法院應不經言詞辯
論，於協商合意範圍內為判決。法院為協商判決所科
之刑，以宣告緩刑、二年以下有期徒刑、拘役或罰金
為限。

　　當事人如有第四百五十五條之二第一項第二款至
第四款之合意，法院應記載於筆錄或判決書內。

法院依協商範圍為判決時，第四百五十五條之二第一項第三款、第四款並得為民事強制執行名義。

第 455-5 條　協商之案件，被告表示所願受科之刑逾有期徒刑六月，且未受緩刑宣告，其未選任辯護人者，法院應指定公設辯護人或律師為辯護人，協助進行協商。

辯護人於協商程序，得就協商事項陳述事實上及法律上之意見。但不得與被告明示之協商意見相反。

第 455-6 條　法院對於第四百五十五條之二第一項協商之聲請，認有第四百五十五條之四第一項各款所定情形之一者，應以裁定駁回之，適用通常、簡式審判或簡易程序審判。

前項裁定，不得抗告。

第 455-7 條　法院未為協商判決者，被告或其代理人、辯護人在協商過程中之陳述，不得於本案或其他案件採為對被告或其他共犯不利之證據。

第 455-8 條　協商判決書之製作及送達，準用第四百五十四條、第四百五十五條之規定。

第 455-9 條　協商判決，得僅由書記官將主文、犯罪事實要旨及處罰條文記載於宣示判決筆錄，以代判決書。但於宣示判決之日起十日內，當事人聲請法院交付判決書者，法院仍應為判決書之製作。

前項筆錄正本或節本之送達，準用第四百五十五條之規定，並與判決書之送達有同一之效力。

第 455-10 條　依本編所為之科刑判決，不得上訴。但有第四百五十五條之四第一項第一款、第二款、第四款、第六款、

第七款所定情形之一，或協商判決違反同條第二項之規定者，不在此限。

對於前項但書之上訴，第二審法院之調查以上訴理由所指摘之事項為限。

第二審法院認為上訴有理由者，應將原審判決撤銷，將案件發回第一審法院依判決前之程序更為審判。

第 455-11 條　　協商判決之上訴，除本編有特別規定外，準用第三編第一章及第二章之規定。

第一百五十九條第一項、第二百八十四條之一之規定，於協商程序不適用之。

第八編　　執行

第 456 條　　裁判除關於保安處分者外，於確定後執行之。但有特別規定者，不在此限。

第 457 條　　執行裁判由為裁判法院之檢察官指揮之。但其性質應由法院或審判長、受命推事、受託推事指揮，或有特別規定者，不在此限。

因駁回上訴抗告之裁判，或因撤回上訴、抗告而應執行下級法院之裁判者，由上級法院之檢察官指揮之。

前二項情形，其卷宗在下級法院者，由該法院之檢察官指揮執行。

第 458 條　　指揮執行，應以指揮書附具裁判書或筆錄之繕本或節本為之。但執行刑罰或保安處分以外之指揮，毋庸制作指揮書者，不在此限。

第 459 條　　二以上主刑之執行，除罰金外，應先執行其重者，但有必要時，檢察官得命先執行他刑。

第 460 條　　諭知死刑之判決確定後，檢察官應速將該案卷宗送交司法行政最高機關。

第 461 條　　死刑，應經司法行政最高機關令准，於令到三日內執行之。但執行檢察官發見案情確有合於再審或非常上訴之理由者，得於三日內電請司法行政最高機關，再加審核。

第 462 條　　死刑，於監獄內執行之。

第 463 條　　執行死刑，應由檢察官蒞視，並命書記官在場。

執行死刑，除經檢察官或監獄長官之許可者外，不得入行刑場內。

第 464 條　　執行死刑，應由在場之書記官制作筆錄。

筆錄，應由檢察官及監獄長官簽名。

第 465 條　　受死刑之諭知者，如在心神喪失中，由司法行政最高機關命令停止執行。

受死刑諭知之婦女懷胎者，於其生產前，由司法行政最高機關命令停止執行。

依前二項規定停止執行者，於其痊癒或生產後，非有司法行政最高機關命令，不得執行。

第 466 條　　處徒刑及拘役之人犯，除法律別有規定外，於監獄內分別拘禁之，令服勞役。但得因其情節，免服勞役。

第 467 條　　受徒刑或拘役之諭知而有左列情形之一者，依檢察官之指揮，於其痊癒或該事故消滅前，停止執行：

一、心神喪失者。

二、懷胎五月以上者。

三、生產未滿二月者。

四、現罹疾病，恐因執行而不能保其生命者。

第 468 條　依前條第一款及第四款情形停止執行者，檢察官得將受刑人送入醫院或其他適當之處所。

第 469 條　受死刑、徒刑或拘役之諭知，而未經羈押者，檢察官於執行時，應傳喚之；傳喚不到者，應行拘提。

前項受刑人，得依第七十六條第一款及第二款之規定，逕行拘提，及依第八十四條之規定通緝之。

第 470 條　罰金、罰鍰、沒收、沒入、追徵、追繳及抵償之裁判，應依檢察官之命令執行之。但罰金、罰鍰於裁判宣示後，如經受裁判人同意而檢察官不在場者，得由法官當庭指揮執行。

前項命令與民事執行名義有同一之效力。

罰金、沒收、追徵、追繳及抵償，得就受刑人之遺產執行。

第 471 條　前條裁判之執行，準用執行民事裁判之規定。

前項執行，檢察官於必要時，得囑託地方法院民事執行處為之。

檢察官之囑託執行，免徵執行費。

第 472 條　沒收物，由檢察官處分之。

第 473 條　沒收物，於執行後三個月內，由權利人聲請發還者，除應破毀或廢棄者外，檢察官應發還之；其已拍賣者，應給與拍賣所得之價金。

第 474 條　　偽造或變造之物，檢察官於發還時，應將其偽造、變造之部分除去或加以標記。

第 475 條　　扣押物之應受發還人所在不明，或因其他事故不能發還者，檢察官應公告之；自公告之日起滿六個月，無人聲請發還者，以其物歸屬國庫。

　　　　　　雖在前項期間內，其無價值之物得廢棄之；不便保管者，得命拍賣保管其價金。

第 476 條　　緩刑之宣告應撤銷者，由受刑人所在地或其最後住所地之地方法院檢察官聲請該法院裁定之。

第 477 條　　依刑法第四十八條應更定其刑者，或依刑法第五十三條及第五十四條應依刑法第五十一條第五款至第七款之規定，定其應執行之刑者，由該案犯罪事實最後判決之法院之檢察官，聲請該法院裁定之。

　　　　　　前項定其應執行之刑者，受刑人或其法定代理人、配偶，亦得請求前項檢察官聲請之。

第 478 條　　依本法第四百六十六條但書應免服勞役者，由指揮執行之檢察官命令之。

第 479 條　　依刑法第四十一條、第四十二條及第四十二條之一易服社會勞動或易服勞役者，由指揮執行之檢察官命令之。

　　　　　　易服社會勞動，由指揮執行之檢察官命令向該管檢察署指定之政府機關、政府機構、行政法人、社區或其他符合公益目的之機構或團體提供勞動，並定履行期間。

第 480 條　　罰金易服勞役者，應與處徒刑或拘役之人犯，分別執行。

第四百六十七條及第四百六十九條之規定，於易服勞役準用之。

第四百六十七條規定，於易服社會勞動準用之。

第 481 條　依刑法第八十六條第三項、第八十七條第三項、第八十八條第二項、第八十九條第二項、第九十條第二項或第九十八條第一項前段免其處分之執行，第九十條第三項許可延長處分，第九十三條第二項之付保護管束，或第九十八條第一項後段、第二項免其刑之執行，及第九十九條許可處分之執行，由檢察官聲請該案犯罪事實最後裁判之法院裁定之。第九十一條之一第一項之施以強制治療及同條第二項之停止強制治療，亦同。

檢察官依刑法第十八條第一項或第十九條第一項而為不起訴之處分者，如認有宣告保安處分之必要，得聲請法院裁定之。

法院裁判時未併宣告保安處分，而檢察官認為有宣告之必要者，得於裁判後三個月內，聲請法院裁定之。

第 482 條　依刑法第四十三條易以訓誡者，由檢察官執行之。

第 483 條　當事人對於有罪裁判之文義有疑義者，得向諭知該裁判之法院聲明疑義。

第 484 條　受刑人或其法定代理人或配偶以檢察官執行之指揮為不當者，得向諭知該裁判之法院聲明異議。

第 485 條　聲明疑義或異議，應以書狀為之。

聲明疑義或異議，於裁判前得以書狀撤回之。

第三百五十一條之規定，於疑義或異議之聲明及撤回準用之。

第 486 條　　法院應就疑義或異議之聲明裁定之。

第九編　　附帶民事訴訟

第 487 條　　因犯罪而受損害之人，於刑事訴訟程序得附帶提起民事訴訟，對於被告及依民法負賠償責任之人，請求回復其損害。

前項請求之範圍，依民法之規定。

第 488 條　　提起附帶民事訴訟，應於刑事訴訟起訴後第二審辯論終結前為之。但在第一審辯論終結後提起上訴前，不得提起。

第 489 條　　法院就刑事訴訟為第六條第二項、第八條至第十條之裁定者，視為就附帶民事訴訟有同一之裁定。

就刑事訴訟諭知管轄錯誤及移送該案件者，應併就附帶民事訴訟為同一之諭知。

第 490 條　　附帶民事訴訟除本編有特別規定外，準用關於刑事訴訟之規定。但經移送或發回、發交於民事庭後，應適用民事訴訟法。

第 491 條　　民事訴訟法關於左列事項之規定，於附帶民事訴訟準用之：

一、當事人能力及訴訟能力。

二、共同訴訟。

三、訴訟參加。

四、訴訟代理人及輔佐人。

五、訴訟程序之停止。

六、當事人本人之到場。

七、和解。

八、本於捨棄之判決。

九、訴及上訴或抗告之撤回。

一〇、假扣押、假處分及假執行。

第 492 條　提起附帶民事訴訟，應提出訴狀於法院為之。

前項訴狀，準用民事訴訟法之規定。

第 493 條　訴狀及各當事人準備訴訟之書狀，應按他造人數提出繕本，由法院送達於他造。

第 494 條　刑事訴訟之審判期日，得傳喚附帶民事訴訟當事人及關係人。

第 495 條　原告於審判期日到庭時，得以言詞提起附帶民事訴訟。

其以言詞起訴者，應陳述訴狀所應表明之事項，記載於筆錄。

第四十一條第二項至第四項之規定，於前項筆錄準用之。

原告以言詞起訴而他造不在場，或雖在場而請求送達筆錄者，應將筆錄送達於他造。

第 496 條　附帶民事訴訟之審理，應於審理刑事訴訟後行之。但審判長如認為適當者，亦得同時調查。

第 497 條　檢察官於附帶民事訴訟之審判，毋庸參與。

第 498 條　當事人經合法傳喚，無正當之理由不到庭或到庭不為辯論者，得不待其陳述而為判決；其未受許可而退庭者亦同。

第 499 條　　就刑事訴訟所調查之證據，視為就附帶民事訴訟亦經調查。

　　　　　　前項之調查，附帶民事訴訟當事人或代理人得陳述意見。

第 500 條　　附帶民事訴訟之判決，應以刑事訴訟判決所認定之事實為據。但本於捨棄而為判決者，不在此限。

第 501 條　　附帶民事訴訟，應與刑事訴訟同時判決。

第 502 條　　法院認為原告之訴不合法或無理由者，應以判決駁回之。

　　　　　　認為原告之訴有理由者，應依其關於請求之聲明，為被告敗訴之判決。

第 503 條　　刑事訴訟諭知無罪、免訴或不受理之判決者，應以判決駁回原告之訴。但經原告聲請時，應將附帶民事訴訟移送管轄法院之民事庭。

　　　　　　前項判決，非對於刑事訴訟之判決有上訴時，不得上訴。

　　　　　　第一項但書移送案件，應繳納訴訟費用。

　　　　　　自訴案件經裁定駁回自訴者，應以裁定駁回原告之訴，並準用前三項之規定。

第 504 條　　法院認附帶民事訴訟確係繁雜，非經長久時日不能終結其審判者，得以合議裁定移送該法院之民事庭；其因不足法定人數不能合議者，由院長裁定之。

　　　　　　前項移送案件，免納裁判費。

　　　　　　對於第一項裁定，不得抗告。

第 505 條　　適用簡易訴訟程序案件之附帶民事訴訟，準用第五
　　　　　　百零一條或五百零四條之規定。
　　　　　　前項移送案件，免納裁判費用。
　　　　　　對於第一項裁定，不得抗告。

第 506 條　　刑事訴訟之第二審判決不得上訴於第三審法院
　　　　　　者，對於其附帶民事訴訟之第二審判決，得上訴於第三
　　　　　　審法院。但應受民事訴訟法第四百六十六條之限制。
　　　　　　前項上訴，由民事庭審理之。

第 507 條　　刑事訴訟之第二審判決，經上訴於第三審法院，對
　　　　　　於其附帶民事訴訟之判決所提起之上訴，已有刑事上訴
　　　　　　書狀之理由可資引用者，得不敘述上訴之理由。

第 508 條　　第三審法院認為刑事訴訟之上訴無理由而駁回之
　　　　　　者，應分別情形，就附帶民事訴訟之上訴，為左列之判決：
　　　　　　一、附帶民事訴訟之原審判決無可為上訴理由之
　　　　　　　　違背法令者，應駁回其上訴。
　　　　　　二、附帶民事訴訟之原審判決有可為上訴理由之
　　　　　　　　違背法令者，應將其判決撤銷，就該案件自為
　　　　　　　　判決。但有審理事實之必要時，應將該案件發
　　　　　　　　回原審法院之民事庭，或發交與原審法院同級
　　　　　　　　之他法院民事庭。

第 509 條　　第三審法院認為刑事訴訟之上訴有理由，將原審判
　　　　　　決撤銷而就該案件自為判決者，應分別情形，就附帶民
　　　　　　事訴訟之上訴為左列之判決：
　　　　　　一、刑事訴訟判決之變更，其影響及於附帶民事訴
　　　　　　　　訟，或附帶民事訴訟之原審判決有可為上訴理

由之違背法令者，應將原審判決撤銷，就該案
件自為判決。但有審理事實之必要時，應將該
案件發回原審法院之民事庭，或發交與原審法
院同級之他法院民事庭。

二、刑事訴訟判決之變更，於附帶民事訴訟無影
響，且附帶民事訴訟之原審判決無可為上訴理
由之違背法令者，應將上訴駁回。

第 510 條　第三審法院認為刑事訴訟之上訴有理由，撤銷原審
判決，而將該案件發回或發交原審法院或他法院者，應
併就附帶民事訴訟之上訴，為同一之判決。

第 511 條　法院如僅應就附帶民事訴訟為審判者，應以裁定將
該案件移送該法院之民事庭。但附帶民事訴訟之上訴不
合法者，不在此限。

對於前項裁定，不得抗告。

第 512 條　對於附帶民事訴訟之判決聲請再審者，應依民事訴
訟法向原判決法院之民事庭提起再審之訴。

監獄行刑法

【制定／修正日期】民國 94 年 5 月 17 日

【公布／施行日期】民國 94 年 6 月 1 日

第 一 章　　通則

第 一 條　　（執行徒刑拘役之目的）

徒刑、拘役之執行，以使受刑人改悔向上，適於社會生活為目的。

第 二 條　　（徒刑拘役之執行處所）

處徒刑、拘役之受刑人，除法律別有規定外，以監獄內執行之。處拘役者，應與處徒刑者分別監禁。

第 三 條　　（少年矯正機構）

刑人未滿十八歲者，應收容於少年矯正機構。

收容中滿十八歲而殘餘刑期不滿三個月者，得繼續收容於少年矯正機構。

受刑人在十八歲以上未滿二十三歲者，依其教育需要，得收容於少年矯正機構至完成該級教育階段為止。

少年矯正機構之設置及矯正教育之實施，另以法律定之。

第　四　條　　（女監及其分界）

受刑人為婦女者，應監禁於女監。

女監附設於監獄時，應嚴為分界。

第　五　條　　（監獄之巡察與考核）

法務部應派員巡察監獄，每年至少一次。

檢察官就執行刑罰有關事項，隨時考核監獄。

第　六　條　　（受刑人之申訴權）

受刑人不服監獄之處分時，得經由典獄長申訴於監督機關或視察人員。但在未決定以前，無停止處分之效力。

典獄長接受前項申訴時，應即時轉報該管監督機關，不得稽延。

第一項受刑人之申訴，得於視察人員蒞監獄時逕向提出。

第　二　章　　收監

第　七　條　　（入監文書之調查）

受刑人入監時，應調查其判決書、指揮執行書、指紋及其他應備文件。

前項文件不具備時，得拒絕收監，或通知補送。

第　八　條　　（少年受刑人行刑參考事項之通知）

關於第三條少年受刑人之犯罪原因、動機、性行、境遇、學歷、經歷、身心狀況及可供行刑上參考之事項，應於其入監時，由指揮執行機關通知監獄。

第　九　條　　（受刑人個人關係及必要事項之調查）

受刑人入監時，應調查其個人關係及其他必要事項。

關於前項調查事項，得請求機關、團體或私人報告或閱覽審判確定之訴訟記錄。

第 十 條 （婦女攜帶子女之許可）

入監婦女請求攜帶子女者，得准許之。但以未滿三歲者為限。

前項子女滿三歲後，無相當之人受領，又無法寄養者，得延期六個月，期滿後交付救濟處所收留。

前二項規定，於監內分娩之子女，亦適用之。

第 十一 條 （入監時之健康檢查）

受刑人入監時，應行健康檢查；有左列情形之一者，應拒絕收監：

一、心神喪失或現罹疾病，因執行而有喪生之虞者。

二、懷胎五月以上，或分娩未滿二月者。

三、罹急性傳染病者。

四、衰老、殘廢，不能自理生活者。

前項被拒絕收監者，應由檢察官斟酌情形，送交醫院、監護人或其他適當處所。

第 十二 條 （身體、衣類之檢查）

受刑人入監時，應檢查其身體、衣類及攜帶物品，並捺印指紋或照相；在執行中認為有必要時亦同。

受刑人為婦女者，前項檢查由女管理員為之。

第 十三 條 （應遵守事項之告知）

受刑人入監時，應告以應遵守之事項及其刑期起算與終了日期；受刑人應遵守之事項，應繕貼各監房。

第 三 章　　監禁

第 十四 條　　（監禁之種類——獨居與雜居）

監禁分獨居、雜居二種。

獨居監禁者，在獨居房作業。但在教化、作業及處遇上有必要時，得按其職業、年齡、犯次、刑期等，與其他獨居監禁者在同一處所為之。

雜居監禁者之教化、作業等事項，在同一處所為之。但夜間應按其職業、年齡、犯次等分類監禁；必要時，得監禁於獨居房。

第 十五 條　　（新入監受刑人之獨居監禁）

受刑人新入監者，應先獨居監禁，其期限為三個月；刑期較短者，依其刑期。但依受刑人之身心狀況或其他特別情形，經監務委員會決議，得縮短或延長之。

第 十六 條　　（應儘先獨居監禁之受刑人）

左列受刑人應儘先獨居監禁：

一、刑期不滿六個月者。

二、因犯他罪在審理中者。

三、惡性重大顯有影響他人之虞者。

四、曾受徒刑之執行者。

第 十七 條　　（分別監禁）

受刑人因衰老、疾病或殘廢不宜與其他受刑人雜居者，應分別監禁之。

第 十八 條　　（應分別監禁之受刑人）

　　　　左列受刑人應分別監禁於指定之監獄，或於監獄內分界監禁之：

　　　　一、刑期在十年以上者。

　　　　二、有犯罪之習慣者。

　　　　三、對於其他受刑人顯有不良之影響者。

　　　　四、精神耗弱或智能低下者。

　　　　五、依據調查分類之結果，須加強教化者。

第 十九 條　　（應考查身心狀況之受刑人）

　　　　刑期六月以上之受刑人，其身心狀況及受刑反應應特加考查，得於特設之監獄內分界監禁；對於刑期未滿六月之受刑人，有考查之必要時，亦同。

　　　　前項情形應依據醫學、心理學及犯罪學等為個性識別之必要措施。

第 二十 條　　（累進處遇）

　　　　對於刑期六月以上之受刑人，為促其改悔向上，適於社會生活，應分為數個階段，以累進方法處遇之。但因身心狀況或其他事由，認為不適宜者，經監務委員會決議，得不為累進處遇。

　　　　累進處遇方法，另以法律定之。

　　　　受刑人能遵守紀律保持善行時，得視其身心狀況，依命令所定和緩其處遇。和緩處遇原因消滅後，回復其累進處遇。

第　四　章　　戒護

第二十一條　　（戒護）

監獄不論晝夜均應嚴密戒護，有必要時，並得檢查出入者之衣服及攜帶物品。

第二十二條　　（戒具使用）

受刑人有脫逃、自殺、暴行或其他擾亂秩序行為之虞時，得施用戒具或收容於鎮靜室。

戒具以腳鐐、手梏、聯鎖、捕繩四種為限。

第二十三條　　（戒具使用之限制）

施用戒具非有監獄長官命令不得為之。但緊急時，得先行使用，立即報告監獄長官。

第二十四條　　（警棍槍械之使用）

監獄管理人員使用攜帶之警棍或槍械，以左列事項發生時為限，但不得逾必要之程度：

一、受刑人對於他人身體為強暴或將施強暴之脅迫時。

二、受刑人持有足供施強暴之物，經命其放棄而不遵從時。

三、受刑人聚眾騷擾時。

四、以強暴、劫奪受刑人或幫助受刑人為強暴或脫逃時。

五、受刑人圖謀脫逃而拒捕，或不服制止而脫逃時。

六、監獄管理人員之生命、身體、自由、裝備遭受危害或脅迫時。

監獄管理人員依前項規定使用警棍或槍械之行為，為依法令之行為。

第二十五條　（天災事變之處置）

監獄為加強安全戒備及受刑人之戒護，得請求警察協助辦理。其辦法由法務部會同內政部定之。

遇有天災、事變為防衛工作時，得令受刑人分任工作，如有必要，並得請求軍警協助。

第二十六條　（天災事變之處置——護送及釋放）

天災、事變在監內無法防避時，得將受刑人護送於相當處所；不及護送時，得暫行釋放。

前項暫行釋放之受刑人，由離監時起限四十八小時內，至該監或警察機關報到。其按時報到者，在外時間予以計算刑期；逾期不報到者，以脫逃論罪。

第二十六條之一　（返家探親之原因）

受刑人之祖父母、父母、配偶之父母、配偶、子女或兄弟姊妹喪亡時，得准在監獄管理人員戒護下返家探視，並於二十四小時內回監；其在外期間，予以計算刑期。

受刑人因重大事故，有返家探視之必要者，經報請法務部核准後，準用前項之規定。

第二十六條之二　（外出實施辦法）

受刑人在監執行逾三月，行狀善良，合於左列各款情形之一，日間有外出必要者，得報請法務部核准其於日間外出：

一、無期徒刑執行逾九年，有期徒刑執行逾四分之一，為就學或職業訓練者。

二、刑期三年以下，執行逾四分之一，為從事富有
　　公益價值之工作者。
三、殘餘刑期一月以內或假釋核准後，為釋放後謀
　　職、就學等之準備者。
　前項第一款所稱就學、職業訓練之學校、職業訓練
機構，由法務部指定之。
　受刑人有左列各款情形之一者，不得外出：
一、犯脫逃、煙毒、麻醉藥品之罪者。
二、累犯、常業犯。但因過失再犯者，不在此限。
三、撤銷假釋者。
四、有其他犯罪在偵審中或違反檢肅流氓條例在
　　審理中者。
五、有強制工作、感訓處分待執行者。
六、有其他不適宜外出之情事者。
　經核准外出之受刑人，外出時無須戒護。但應於指
定時間內回監，必要時得向指定處所報到。
　受刑人外出期間，違反規定或發現有不符合第一項
規定或有第三項各款情形之一者，得撤銷其外出之核
准。表現良好者，得依規定予以獎勵。
　受刑人外出，無正當理由未於指定時間內回監或向指
定處所報到者，其在外日數不算入執行刑期，並以脫逃論罪。
　受刑人外出實施辦法，由法務部定之。

第 五 章　　作業

第二十七條　　（作業之選定）

作業應斟酌衛生、教化、經濟與受刑人之刑期、健康、知識、技能及出獄後之生計定之。

監獄應按作業性質，分設各種工場或農作場所，並得酌令受刑人在監外從事特定作業；其辦法由法務部定之。

炊事、打掃、看護及其他由監獄經理之事務，視同作業。

第二十八條　　（作業時間）

作業時間每日六小時至八小時，斟酌作業之種類，設備之狀況及其他情形定之。

第二十九條　　（作業課程之酌定與作業技藝之指導）

受刑人之作業，應依前條作業時間與一般勞動者之平均作業能率為標準，酌定課程。

作業課程不能依前項標準定之者，以前條作業時間為標準。

監獄得延聘當地工業技術人員協同指導受刑人各種作業技藝。

第 三十 條　　（承攬作業之核准）

監獄承攬公私經營之作業，應經監督機關之核准。

第三十一條　　（停止作業日）

停止作業日如左：

一、國定例假日。

二、直系親屬及配偶喪七日，三親等內旁系親屬喪

三日。

三、其他認為必要時。

就炊事、灑掃及其他特需急速之作業者，除前項第

二款外，不停止作業。

入監後三日及釋放前七日，得免作業。

第三十二條　　　（勞作金之給予）

作業者給予勞作金；其金額斟酌作業者之行狀及作

業成績給付。

前項給付辦法，由法務部定之。

第三十三條　　　（作業收入之分配）

作業收入扣除作業支出後，提百分之五十充勞作

金；勞作金總額，提百分之二十五充犯罪被害人補償費用。

前項作業賸餘提百分之三十補助受刑人飲食費

用；百分之五充受刑人獎勵費用；百分之五充作業管理

人員獎勵費用；年度賸餘應循預算程序以百分之三十充

作改善受刑人生活設施之用，其餘百分之七十撥充作業

基金；其獎勵辦法，由法務部定之。

第一項提充犯罪被害人補償之費用，於犯罪被害人

補償法公布施行後提撥，專戶存儲；第二項改善受刑人

生活設施購置之財產設備免提折舊。

第三十四條　　　（易服勞役之監外作業）

易服勞役者，在監外作業。

前項易服勞役者監外作業辦法，由法務部定之。

第三十五條　　（慰問金之發給）

　　　　　　　受刑人因作業致受傷、罹病、死亡者，應發給慰問金。

　　　　　　　前項慰問金由作業基金項下支付；其發給辦法，由
法務部定之。

第三十六條　　（死亡時勞作金及慰問金之歸屬）

　　　　　　　受刑人死亡時，其勞作金或慰問金應通知本人之最
近親屬具領。無法通知者，應公告之。

　　　　　　　前項勞作金或慰問金，經受通知人拋棄或經通知後
逾六個月或公告後逾一年無人具領者，歸入作業基金。

第 六 章　　教化

第三十七條　　（教化之實施）

　　　　　　　對於受刑人，應施以教化。

　　　　　　　前項施教，應依據受刑人入監時所調查之性行、學
歷、經歷等狀況，分別予以集體、類別及個別之教誨，
與初級、高級補習之教育。

第三十八條　　（宗教儀式之舉行及限制）

　　　　　　　受刑人得依其所屬之宗教舉行禮拜、祈禱，或其他
適當之儀式。但以不妨害紀律者為限。

第三十九條　　（實施教化應注重事項）

　　　　　　　教化應注重國民道德及社會生活必需之知識與
技能。

　　　　　　　對於少年受刑人，應注意德育，陶冶品性，並施以
社會生活必需之科學教育，及技能訓練。

第 四十 條　　（演講及研究教化事宜）

監獄得聘請有學識、德望之人演講，並得延聘當地學術或教育專家，協同研究策進監獄教化事宜。

第四十一條　　（教育）

教育每日二小時。

不滿二十五歲之受刑人，應施以國民基本教育。但有國民學校畢業以上之學歷者，不在此限。

第四十二條　　（出版物文書之閱讀）

監獄應備置有益圖書，並得發行出版物，選載時事及其他有益之文字，使受刑人閱讀。

閱讀自備之書籍，應經監獄長官之許可。

第四十三條　　（受刑人得自備紙筆墨硯）

對於受刑人，得許其自備紙、墨、筆、硯。

第四十四條　　（教化之輔助方法）

監獄得用視聽器材為教化之輔助。

第 七 章　　給養

第四十五條　　（衣被及其他必需器具之給與）

對於受刑人，應斟酌保健上之必要，給與飲食、物品，並供用衣被及其他必需器具。

受刑人為增進本身營養，得就其每月應得之勞作金項下報准動用。

前項動用勞作金之辦法，由典獄長依據實際情形擬訂，呈經監督機關核定之。

第四十六條　　（自備或供給子女必需用品）

　　　攜帶子女之受刑人，其子女之食物、衣類及必需用品，均應自備；不能自備者，給與或供用之。

第四十七條　　（吸菸管理及戒菸獎勵）

　　　受刑人禁用菸酒。但受刑人年滿十八歲者，得許於指定之時間、處所吸菸。

　　　監獄對於戒菸之受刑人應給予適當之獎勵。

　　　受刑人吸菸管理及戒菸獎勵辦法，由法務部定之。

第 八 章　　衛生及醫治

第四十八條　　（清潔之維護）

　　　監獄內應保持清潔，每半月舉行環境衛生檢查一次，並隨時督令受刑人擔任灑掃、洗濯及整理衣被、器具等必要事務。

第四十九條　　（鬚髮之整理）

　　　受刑人應令其入浴及剃鬚髮，其次數斟酌時令定之。

第 五 十 條　　（保健必要之運動）

　　　受刑人除有不得已事由外，每日運動半小時至一小時。但因作業種類認為無運動之必要者，不在此限。

第五十一條　　（健康檢查及預防注射）

　　　對於受刑人應定期及視實際需要施行健康檢查，並實施預防接種等傳染病防治措施。

　　　監獄應聘請醫護人員協同改進監內醫療衛生事宜；衛生主管機關並應定期督導。

第五十二條　　（急性傳染病之預防）

　　　　　　監獄於急性傳染病流行時，應與地方衛生機關協商預防，其來自傳染病流行地，或經過其地之受刑人，應為一星期以上之隔離，其攜帶物品，應施行消毒。

　　　　　　受刑人罹急性傳染病時，應即隔離，施行消毒，並報告於監督機關。

第五十三條　　（傳染病患之隔離）

　　　　　　罹傳染病者，不得與健康者及其他疾病者接觸。但充看護者，不在此限。

第五十四條　　（病監收容）

　　　　　　罹急病者，應於附設之病監收容之。

　　　　　　前項病監，應於其他房屋分界，並依疾病之種類，為必要之隔離。

第五十五條　　（肺病監之收容與分界）

　　　　　　罹肺病者，應移送於特設之肺病監；無肺病監時，應於病監內分界收容之。

第五十六條　　（心神喪失者之處置）

　　　　　　受刑人心神喪失時，移送於精神病院，或其他監護處所。

第五十七條　　（自費治療）

　　　　　　罹疾病之受刑人請求自費延醫診治時，監獄長官應予許可。

第五十八條　　（保外就醫或病院移送）

　　　　　　受刑人現罹疾病，在監內不能為適當之醫治者，得斟酌情形，報請監督機關許可保外醫治或移送病監或醫院。

監獄長官認為有緊急情形時，得先為前項處分，再行報請監督機關核准。

保外醫治期間，不算入刑期之內。但移送病監或醫院者，視為在監執行。

保外醫治，準用刑事訴訟法第一百十一條第一項至第四項之命提出保證書、指定保證金額、第一百十八條第一項之沒入保證金、第一百十九條第二項、第三項之免除具保責任及第一百二十一條第四項之准其退保之規定。

前項沒入保證金，由監獄函請指揮執行之檢察官以命令行之。

保外醫治受刑人違反保外醫治應遵守事項者，監督機關得廢止保外醫治之許可。

前項保外醫治受刑人應遵守事項、得廢止許可之要件及程序，由監督機關另定之。

衰老或殘廢不能自理生活及懷胎五月以上或分娩後未滿二月者，得準用第一項及第三項至前項之規定。

－91 年 6 月 12 日公布修正前原條文－

受刑人現罹疾病，在監內不能為適當之醫治者，得斟酌情形，報請監督機關許可保外醫治，或移送病監或醫院。

監獄長官認為有緊急情形時，得先為前項處分，再行報請監督機關核准。

保外醫治期間，不算入刑期之內。但移送病監或醫院者，視為在監執行。

保外醫治，準用刑事訴訟法有關具保之規定。

衰老或殘廢不能自理生活，及懷胎五月以上或分娩後未滿二月者，得準用第一項、第三項及第四項之規定。

第五十九條　　（強制營養之實施）

拒絕飲食，經勸告仍不飲食而有生命之危險者，得由醫師施以強制營養。

第 六十 條　　（保健上必要空氣光線之保持）

監房工場及其他處所，應保持保健上必要之空氣、光線。

第六十一條　　（煖具之設置及使用）

監房、工場與極寒時得設煖具，病房之煖具及使用時間，由典獄長官定之。

第 九 章　　接見及通信

第六十二條　　（接見及通信）

受刑人之接見及發受書信，以最近親屬及家屬為限。但有特別理由時，得許其與他之人接見及發受書信。

第六十三條　　（接見之次數及每次接見之時間）

接見除另有規定外，每星期一次，其接見時間，以三十分鐘為限。

前項規定之次數及時間，有必要時，得增加或延長之。

第六十四條　　（接見之禁止）

對於請求接見者認為有妨害監獄紀律及受刑人之利益時，不許接見。

被許可接見者，得攜帶未滿五歲之兒童。

第六十五條　　（監視與停止接見）

　　　　　　接見時，除另有規定外，應加監視；如在接見中發見有妨害監獄紀律時，得停止其接見。

第六十六條　　（發受書信之檢閱及限制）

　　　　　　發受書信，由監獄長官檢閱之。如認為有妨害監獄紀律之虞，受刑人發信者，得述明理由，令其刪除後再行發出；受刑人受信者，得述明理由，逕予刪除再行收受。

第六十七條　　（書信之保管）

　　　　　　凡遞與受刑人之書信，經本人閱讀後，應保管之，於必要時，得令本人持有。

第六十八條　　（發信郵資）

　　　　　　發信郵資，由受刑人自備。但有特殊情形時，得由監獄支付。

第 十 章　　保管

第六十九條　　（受刑人財物之保管）

　　　　　　受刑人攜帶或由監外送入之財物，經檢查後，由監獄代為保管。受刑人之金錢及物品保管辦法，由法務部定之。

　　　　　　前項物品有必要時，應施以消毒。

第 七 十 條　　（送入物品之限制）

　　　　　　送入飲食及必需物品之種類及數量，得加限制；其經許可者，得逕交本人。

第七十一條　　（送入物品之退回沒入及廢棄）

　　　　　　送入之財物認為不適當，或送入人之姓名、居住不明，或為受刑人所拒絕收受者，應退回之；無法退回者，得經監務委員會之決議沒入或廢棄之。

　　　　　　　經檢查發現私自持有之財務，由監務委員會決議沒
入或廢棄之。

第七十二條　　（保管財物之交還與使用）

　　　　　　　保管之財物，於釋放時交還之。但有正當理由，得
於釋放前許其使用全部或一部。

第七十三條　　（死亡者遺留物之歸屬）

　　　　　　　死亡者遺留之財物，應通知其最近親屬領回。

　　　　　　　自死亡之日起，經過一年無最近親屬請領時，得沒
入之；脫逃者，自脫逃之日起，經過一年尚未捕獲者，
沒入之。

第 十一 章　　賞罰及賠償

第七十四條　　（獎賞原因）

　　　　　　　受刑人有左列各款行為之一時，應予以獎賞：

一、舉發受刑人圖謀脫逃、暴行或將為脫逃、暴行者。

二、救護人命或捕獲脫逃者。

三、於天災、事變或傳染病流行時，充任應急事務
　　有勞績者。

四、作業成績優良者。

五、有特殊貢獻，足以增進監獄榮譽者。

六、對作業技術、機器、設備、衛生、醫藥等有特
　　殊設計，足資利用者。

七、對監內外管理之改進，有卓越意見建議者。

八、其他行為善良，足為受刑人表率者。

第七十五條 　　（獎賞方法）

　　　　　　前條獎賞方法如左：

　　　　　　一、公開嘉獎。

　　　　　　二、增加接見或通信次數。

　　　　　　三、發給獎狀或獎章。

　　　　　　四、增給成績分數，並以為進級之依據。

　　　　　　五、給與相當數額之獎金。

　　　　　　六、給與書籍或其他獎品。

　　　　　　七、與以較好之給養。

　　　　　　八、其他特別獎賞。

　　　　　　前項特別獎賞者，得為返家探視或與配偶及直系血
親在指定處所及期間內同住之獎勵；其辦法，由法務部
定之。

第七十六條 　　（懲罰原因及方法）

　　　　　　受刑人違背紀律時，得施以左列一款或數款之懲罰：

　　　　　　一、訓誡。

　　　　　　二、停止接見一次至三次。

　　　　　　三、強制勞動一日至五日，每日以二小時為限。

　　　　　　四、停止購買物品。

　　　　　　五、減少勞作金。

　　　　　　六、停止戶外活動一日至七日。

第七十七條 　　（減少勞作金之決議）

　　　　　　減少勞作金超過二十元及停止戶外活動超過三日
者，應經監務委員會決議。

第七十八條　　（懲罰之告知與辯解）

　　　　　　告知懲罰後，應予本人以解辯之機會，認為有理由者，得免其執行，或緩予執行；無理由者，立即執行之。但有疾病或其他特別事由時，得停止執行。

第七十九條　　（懲罰執行之撤銷與終止）

　　　　　　依前條緩予執行後，如受懲罰者有顯著之改悔情狀，經保持一月以上之善行，應撤銷其懲罰。

　　　　　　受懲罰者，在執行中有顯著之改悔情狀時，得終止其執行。

第 八十 條　　（毀損物件之賠償）

　　　　　　受刑人故意或因重大過失，致損害器具、成品、材料或其他物品時，得令其賠償。

　　　　　　賠償之數額經監務委員會決定後，得於其保管金或儲存之作業勞作金內扣還之。

第 十二 章　　假釋

第八十一條　　（假釋要件）

　　　　　　對於受刑人累進處遇進至二級以上，悛悔向上，而與應許假釋情形相符合者，經假釋審查委員會決議，報請法務部核准後，假釋出獄。

　　　　　　報請假釋時，應附具足資證明受刑人確有悛悔情形之紀錄及假釋審查委員會之決議。

　　　　　　犯刑法第二百二十一條至第二百二十七條、第二百二十八條、第二百二十九條、第二百三十條、第二百三十四條、第三百三十二條第二項第二款、第三百三十四條

第二款、第三百四十八條第二項第一款及其特別法之罪之受刑人，其強制身心治療或輔導教育辦法，由法務部定之。

依刑法第九十一條之一第一項接受強制身心治療或輔導教育之受刑人，應附具曾受治療或輔導之紀錄及個案自我控制再犯預防成效評估報告，如顯有再犯之虞，不得報請假釋。

－94 年 6 月 1 日公布修正前原條文－

對於受刑人累進處遇進至二級以上，悛悔向上，而與應許假釋情形相符合者，經假釋審查委員會決議，由監獄報請法務部核准後，假釋出獄。

犯刑法第二百二十一條至第二百三十條及其特別法之罪，而患有精神疾病之受刑人，於假釋前，應經輔導或治療；其辦法由法務部定之。

報請假釋時，應附具足資證明受刑人確有悛悔情形之紀錄及假釋審查委員會之決議。前項受刑人之假釋並應附具曾受輔導或治療之紀錄。

－92 年 1 月 22 日公布修正前原條文－

對於受刑人累進處遇進至二級以上，悛悔向上，而與應許假釋情形相符合者，經監務委員會決議，報請法務部核准後，假釋出獄。

犯刑法第二百二十一條至第二百三十條及其特別法之罪，而患有精神疾病之受刑人，於假釋前，應經輔導或治療；其辦法由法務部定之。

報請假釋時，應附具足資證明受刑人確有悛悔情形之紀錄及監務委員會之決議。前項受刑人之假釋並應附具曾受輔導或治療之紀錄。

第八十二條　　（假釋後應遵守保護管束之規定）

　　　　受刑人經假釋出獄，在假釋期間內，應遵守保護管束之規定。

第八十二條之一　　（聲請強制治療）

　　　　受刑人依刑法第九十一條之一規定，經鑑定、評估，認有再犯之危險，而有施以強制治療之必要者，監獄應於刑期屆滿前三月，將受刑人應接受強制治療之鑑定、評估報告等相關資料，送請該管檢察署檢察官，檢察官至遲應於受刑人刑期屆滿前二月，向法院聲請強制治療之宣告。

第 十三 章　　釋放及保護

第八十三條　　（釋放及其時間限制）

　　　　執行期滿者，除接續執行強制身心治療或輔導教育處分者外，應於其刑期終了之次日午前釋放之。

　　　　核准假釋者，應由監獄長官依定式告知出獄，給予假釋證書，並移送保護管束之監督機關。

　　　　受赦免者，除接續執行強制身心治療或輔導教育處分者外，應於公文到達後至遲二十四小時內釋放之。

　　　　－94 年 6 月 1 日公布修正前原條文－

　　　　執行期滿者，應於其刑期終了之次日午前釋放之。

　　　　核准假釋者，應由監獄長官依定式告知出獄，給予假釋證書，並移送保護管束之監督機關。

　　　　受赦免者，應於公文到達後至遲二十四小時內釋放之。

第八十四條 　　（保護事項之調查與辦理）

　　釋放後之保護事項，應於受刑人入監後即行調查，釋放前並應覆查。

　　前項保護，除經觀護人、警察機關自治團體、慈善團體及出獄人最近親屬承擔者外，關於出獄人職業之介紹、輔導、資送回籍及衣食、住所之維持等有關事項，當地更生保護團體應負責辦理之。

第八十五條 　　（釋放前之準備事項）

　　因執行期滿釋放者，應於十日前調查釋放後之保護事項，及交付作業勞作金之方法，並將保管財物預為交還之準備。

第八十六條 　　（釋放時應斟酌及應令使準備事項）

　　為釋放時，應斟酌被釋放者之健康，並按時令使其準備相當之衣類及出獄旅費。

　　前項衣類、旅費無法可籌時，應斟酌給與之。

　　被釋放者罹重病時，得斟酌情形，許其留監醫治。

第八十七條 　　（病患釋放應通知之人或機關）

　　重病者、精神疾病患者、傳染病者釋放時，應預先通知其家屬或其他適當之人。

　　精神疾病患者、傳染病者釋放時，並應通知其居住地或戶籍地之衛生主管機關及警察機關。

第 十四 章　　死亡

第八十八條　　（受刑人在監死亡之處理）

　　　　　　受刑人在監死亡，監獄長官應通知檢察官相驗，及通知其家屬，並報請監督機關備查。

第八十九條　　（屍體之處置）

　　　　　　死亡者之屍體經通知後二十四小時內無人請領者，埋葬之；如有醫院或醫學研究機關請領解剖者，得斟酌情形許可之。但生前有不願解剖之表示者，不在此限。

　　　　　　前項已埋葬之屍體，經過十年後得合葬之，合葬前有請求領回者，應許可之。

第 十五 章　　死刑之執行

第 九十 條　　（死刑之執行）

　　　　　　死刑用藥劑注射或槍斃，在監獄特定場所執行之。其執行規則，由法務部定之。

　　　　　　第三十一條第一項所列舉之期日，不執行死刑。

第九十一條　　（執行死刑之告知）

　　　　　　執行死刑，應於當日預先告知本人。

第九十二條　　（屍體處置規定之準用）

　　　　　　本法第八十九條之規定，於執行死刑之屍體準用之。

第 十六 章　　附則

第九十三條　　（外役監之設置）

為使受刑人從事農作或其他特定作業，並實施階段性處遇，使其逐步適應社會生活，得設外役監；其設置另以法律定之。

第九十三條之一　　（施行細則之訂定）

本法施行細則，由法務部定之。

第九十三條之二　　（軍人監獄準用本法）

國防部所屬軍人監獄準用本法之規定。其適用範圍由國防部定之。

第九十四條　　（施行日）

本法自公布日施行。

第八十一條、第八十二條之一、第八十三條自中華民國九十五年七月一日施行。

－94 年 6 月 1 日公布修正前原條文－

本法自公布日施行。

行刑累進處遇條例

【制定／修正日期】民國 95 年 5 月 19 日

【公布／施行日期】民國 95 年 6 月 14 日

第 一 章　　總則

第 一 條　　（人之範圍）

　　依監獄行刑法第二十條受累進處遇者，適用本條例之規定。

第 二 條　　（監獄行刑法之適用）

　　關於累進處遇之事項，本條例未規定者，仍依監獄行刑法之規定。

第 二 章　　受刑人之調查及分類

第 三 條　　（受刑人之調查）

　　對於新入監者，應就其個性，心身狀況、境遇、經歷、教育程度及其他本身關係事項，加以調查。

　　前項調查期間，不得逾二月。

第 四 條　　（調查之依據）

　　調查受刑人之個性及心身狀況，應依據醫學、心理學、教育學及社會學等判斷之。

第 五 條 　　（調查資料之取得）

　　　　　　　為調查之必要，得向法院調閱訴訟卷宗，並得請自治團體、警察機關、學校或與有親屬、雇傭或保護關係者為報告。

第 六 條 　　（調查表之記載）

　　　　　　　調查事項，應記載於調查表。

第 七 條 　　（調查期間內受刑人之管理）

　　　　　　　調查期間內之受刑人，除防止其脫逃、自殺、暴行或其他違反紀律之行為外，應於不妨礙發見個性之範圍內施以管理。

第 八 條 　　（分類調查之協力）

　　　　　　　調查期間內，對於與受刑人接近之人，均應注意其語言動作，如發見有影響受刑人個性或心身狀況之情形，應即報告主管人員。

第 九 條 　　（作業之強制）

　　　　　　　調查期間內之受刑人，應按其情形使從事作業，並考察其體力，忍耐、勤勉、技巧、效率，以定其適當之工作。

第 十 條 　　（累進處遇適應之決定）

　　　　　　　調查完竣後，關於受刑人應否適用累進處遇，由典獄長迅予決定。

　　　　　　　其適用累進處遇者，應將旨趣告知本人；不適宜於累進處遇者，應報告監務委員會議。

第 十一 條　　（適用累進處遇受刑人之分類）

　　　　　適用累進處遇之受刑人，應分別初犯、再犯、累犯，並依其年齡、罪質、刑期，及其他調查所得之結果為適當之分類，分別處遇。

　　　　　受刑人調查分類辦法，由法務部定之。

第 十二 條　　（不為分類之規定）

　　　　　對於第一級第二級之受刑人，得不為前條之分類。

第 三 章　　累進處遇

第 十三 條　　（處遇之階級）

　　　　　累進處遇分左列四級，自第四級依次漸進：

　　　　　第四級。

　　　　　第三級。

　　　　　第二級。

　　　　　第一級。

第 十四 條　　（適當階級之進列）

　　　　　受刑人如富有責任觀念，且有適於共同生活之情狀時，經監務委員會議之議決，得不拘前條規定，使進列適當之階級。

第 十五 條　　（標籤佩帶）

　　　　　各級受刑人應佩標識。

第 十六 條　　（移入與階級）

　　　　　受刑人由他監移入者，應照原級編列。

第 十七 條　　（脫逃後再入監之階級）

　　　　　因撤銷假釋或在執行中脫逃後又入監者，以新入監論。

第 十八 條　　（移轉及文件之送交）

　　受刑人遇有移轉他監時，應將關於累進審查之一切文件一併移轉。

第 十九 條　　（責任分數）

　　累進處遇依受刑人之刑期及級別，定其責任分數如下：

　　前項表列責任分數，於少年受刑人減少三分之一計算。

　　累犯受刑人之責任分數，按第一項表列標準，逐級增加其責任分數三分之一。

　　撤銷假釋受刑人之責任分數，按第一項表列標準，逐級增加其責任分數二分之一。

第十九條之一　　（假釋之撤銷規定1）

　　於中華民國八十六年十一月二十八日刑法第七十七條修正生效前犯罪者，其累進處遇責任分數，適用八十三年六月八日修正生效之本條例第十九條規定。

　　但其行為終了或犯罪結果之發生在八十六年十一月二十八日後者，其累進處遇責任分數，適用八十六年十一月二十八日修正生效之本條例第十九條規定。

　　因撤銷假釋執行殘餘刑期，其撤銷之原因事實發生在八十六年十一月二十八日刑法第七十九條之一修正生效前者，其累進處遇責任分數，適用八十三年六月八日修正生效之本條例第十九條規定。

　　但其原因事實行為終了或犯罪結果之發生在八十六年十一月二十八日後者，其累進處遇責任分數，適用八十六年十一月二十八日修正生效之本條例第十九條規定。

　　－95 年 6 月 14 日公布修正前原條文－

於中華民國八十六年刑法第七十七條修正施行前犯罪者，其累進處遇責任分數適用八十三年六月六日修正公布之行刑累進處遇條例第十九條規定定之。但其行為終了或犯罪結果之發生在八十六年刑法第七十七條修正施行後者，不在此限。

因撤銷假釋執行殘餘刑期，其撤銷之原因事實發生在八十六年刑法第七十九條之一修正施行前者，其累進處遇責任分數適用八十三年六月六日修正公布之行刑累進處遇條例第十九條規定定之。但其原因事實行為終了或犯罪結果之發生在八十六年刑法第七十七條修正施行後者，不在此限。

第十九條之二　　　（假釋之撤銷規定2）

於中華民國八十六年十一月二十八日刑法第七十七條修正生效後，九十五年七月一日刑法第七十七條修正生效前犯罪者，其累進處遇責任分數，適用八十六年十一月二十八日修正生效之本條例第十九條規定。但其行為終了或犯罪結果之發生在九十五年七月一日後者，其累進處遇責任分數，適用九十五年七月一日修正生效之本條例第十九條規定。

因撤銷假釋執行殘餘刑期，其撤銷之原因事實發生在八十六年十一月二十八日刑法第七十九條之一修正生效後，九十五年七月一日刑法第七十九條之一修正生效前者，其累進處遇責任分數，適用八十六年十一月二十八日修正生效之本條例第十九條規定。但其原因事實行為終了或犯罪結果之發生在

九十五年七月一日後者，其累進處遇責任分數，適
用九十五年七月一日修正生效之本條例第十九條
規定。

第 二十 條　　（責任分數之分別記載）

各級受刑人每月之成績分數，按左列標準分別
記載：

一、一般受刑人：

(一) 教化結果最高分數四分。

(二) 作業最高分數四分。

(三) 操行最高分數四分。

二、少年受刑人：

(一) 教化結果最高分數五分。

(二) 操行最高分數四分。

(三) 作業最高分數三分。

第二十一條　　（進級）

各級受刑人之責任分數，以其所得成績分數抵銷
之，抵銷淨盡者，令其進級。

本級責任分數抵銷淨盡後，如成績分數有餘，併入
所進之級計算。

第二十二條　　（進級決定之期日）

進級之決定，至遲不得逾應進級之月之末日。

前項決定，應即通知本人。

第二十三條　　（進級處遇之告知）

對於進級者，應告以所進之級之處遇，並令其對於
應負之責任具結遵行。

第二十四條　　（假進級）

　　　　責任分數雖未抵銷淨盡，而其差數在十分之一以內，操作曾得最高分數者，典獄長如認為必要時，得令其假進級，進級之月成績佳者，即為確定，否則令復原級。

第二十五條　　（記分表之給與）

　　　　對於受刑人應給以定式之記分表，使本人記載其每月所得之分數。

第　四　章　　監禁及戒護

第二十六條　　（三、四級者之獨居）

　　　　第四級及第三級之受刑人應獨居監禁。但處遇上有必要時，不在此限。

第二十七條　　（二級以上者之夜間獨居）

　　　　第二級以上之受刑人，晝間應雜居監禁，夜間得獨居監禁。

第二十八條　　（一級者之收容場所及其處遇）

　　　　第一級受刑人，應收容於特定處所，並得為左列之處遇：

　　　　一、住室不加鎖。

　　　　二、不加監視。

　　　　三、准與配偶及直系血親在指定處所及期間內同住。

　　　　前項第三款實施辦法，由法務部定之。

第二十八條之一　　（刑期之縮短）

　　　　累進處遇進至第三級以上之有期徒刑受刑人，每月
成績總分在十分以上者，得依左列規定，分別縮短其應
執行之刑期：
　　一、第三級受刑人，每執行一個月縮短刑期二日。
　　二、第二級受刑人，每執行一個月縮短刑期四日。
　　三、第一級受刑人，每執行一個月縮短刑期六日。
　　前項縮短刑期，應經監務委員會決議後告知其本
人，並報法務部核備。
　　經縮短應執行之刑期者，其累進處遇及假釋，應依
其縮短後之刑期計算。
　　受刑人經縮短刑期執行期滿釋放時，由典獄長將
受刑人實際服刑執行完畢日期，函知指揮執行之檢
察官。

第二十九條　　（一級少年受刑人離監之原因及許可）
　　第一級之少年受刑人，遇有直系血親尊親屬病危或其
他事故時，得經監務委員會議決議，限定期間，許其離監。
　　前項許其離監之少年受刑人，在指定期間內未回監
者，其在外日數不算入執行刑期。

第　三十　條　　（工場整理者之選舉）
　　典獄長得使各工場之受刑人，於第二級受刑人中選
舉有信望者若干人，由典獄長圈定，使其整理工場或從
事其他必要任務。但每一工場不得超過二人。

第三十一條　　（二級受刑人之共同灑掃）
　　第二級受刑人至少每月一次從事於監內之灑掃、整
理事務，不給勞作金。

第三十二條　　（一級受刑人身體住室搜檢之免除）

　　　　　　對於第一級受刑人，非有特別事由，不得為身體及
住室之搜檢。

第三十三條　　（一級受刑人散步之許可）

　　　　　　第一級受刑人於不違反監獄紀律範圍內許其交
談，並在休息時間得自由散步於監獄內指定之處所。

第三十四條　　（一級受刑人代表制）

　　　　　　第一級受刑人為維持全體之紀律及陳述其希望，得
互選代表。

　　　　　　前項代表人數，至多不得逾三人，經受刑人加倍互
選後，由典獄長圈定之。

第三十五條　　（一級受刑人之責任及優待停止）

　　　　　　第一級受刑人關於其本級全體受刑人住室之整理
及秩序之維持，對典獄長連帶負責。

　　　　　　前項受刑人有不履行責任者，得經監務委員會議之
決議，於一定期間，對於其全體或一部，停止本章所定
優待之一種或數種。

第　五　章　　作業

第三十六條　　（作業之強制）

　　　　　　受刑人於調查完竣後，應即使其作業。

第三十七條　　（四級、三級轉業之禁止）

　　　　　　第四級及第三級之受刑人不許轉業。但因處遇上或
其他有轉業之必要時，不在此限。

第三十八條　　（四級、三級勞作金自用數額）

　　　　　　第四級受刑人，得准其於每月所得作業勞作金五分之一範圍內，第三級受刑人於四分之一範圍內，自由使用。

第三十九條　　（二級受刑人自備作業用具之使用）

　　　　　　第二級受刑人，得使用自備之作業用具，並得以其所得之作業勞作金購用之。

第四十條　　　（二級受刑人之作業指導輔助）

　　　　　　第二級受刑人中，如有技能而作業成績優良者，得使其為作業指導之輔助。

　　　　　　前項受刑人，得於作業時間外，為自己之勞作。但其勞作時間，每日二小時為限。

第四十一條　　（二級受刑人勞作金自用數額）

　　　　　　第二級受刑人，得准其於每月所得作業勞作金三分之一範圍內，自由使用。

第四十二條　　（二級受刑人轉業之許可）

　　　　　　第二級受刑人作業熟練者，得許其轉業。

第四十三條　　（一級受刑人之無監視作業）

　　　　　　第一級受刑人作業時，得不加監視。

第四十四條　　（一級受刑人作業之指導輔助）

　　　　　　第一級受刑人中，如有技能而作業成績優良者，得使為作業之指導或監督之輔助。

第四十五條　　（一級受刑人勞作金自用數額）

　　　　　　第一級受刑人，得准其於每月所得作業勞作金二分之一範圍內，自由使用。

第四十六條　　（一級受刑人使用自備作業用具規定之準用）

　　　　　　　第三十九條、第四十條第二項及第四十二條之規
　　　　定，於第一級受刑人準用之。

第 六 章　　教化

第四十七條　　（個別教誨）

　　　　　　　對於第一級及第四級之受刑人，應施以個別教誨。

　　　　　　　第四十八條（三級受刑人收聽收音機留聲機之
　　　　許可）第三級以上之受刑人，得聽收音機及留聲機。

第四十九條　　（二級受刑人以上之集會）

　　　　　　　第二級以上之受刑人得為集會。但第二級每月以一
　　　　次，第一級每月以二次為限。

　　　　　　　少年受刑人得不受前項限制。

　　　　　　　集會時，典獄長及教化科職員均應到場。

第五十條　　　（一級受刑人之圖書閱讀）

　　　　　　　第一級之受刑人，許其在圖書室閱覽圖書。

　　　　　　　圖書室得備置適當之報紙及雜誌。

第五十一條　　（二級以上受刑人閱讀自備書籍之許可）

　　　　　　　第二級以上之受刑人，於不違反監獄紀律範圍內，
　　　　許其閱讀自備之書籍；對於第三級以下之受刑人，於教
　　　　化上有必要時亦同。

第五十二條　　（二級受刑人以上之競技等）

　　　　　　　第二級以上之受刑人，得使其競技、遊戲或開運動
　　　　會。但第二級每月以一次，第一級每月以二次為限。

　　　　　　　少年受刑人，得不受前項之限制。

第五十三條　　（二級受刑人以上照片之配置）

　　第二級以上受刑人之獨居房內，得許其置家屬照片；如教化上認為有必要時，得許其置家屬以外之照片。

第 七 章　　接見及寄發書信

第五十四條　　（四級受刑人之接見、通信之範圍）

　　第四級受刑人，得准其與親屬接見及發受書信。

第五十五條　　（三級以上受刑人之接見及通信範圍）

　　第三級以上之受刑人，於不妨害教化之範圍內，得准其與非親屬接見，並發受書信。

第五十六條　　（接見、通信之次數）

　　各級受刑人接見及寄發書信次數如左：

　　一、第四級受刑人每星期一次。

　　二、第三級受刑人每星期一次或二次。

　　三、第二級受刑人每三日一次。

　　四、第一級受刑人不予限制。

第五十七條　　（接見之場所）

　　第二級以下之受刑人，於接見所接見。

　　第一級受刑人，得准其於適當場所接見。

第五十八條　　（二級以上受刑人之無監視接見）

　　第二級以上之受刑人，於接見時，得不加監視。

第五十九條　　（接見及寄發書信之特准）

　　典獄長於教化上或其他事由，認為必要時，得准受刑人不受本章之限制。

第八章　給養

第 六 十 條　（基本食物）

受刑人之飲食及其他保持健康所必需之物品，不因級別而有差異。

第六十一條　（一級受刑人普通衣服之著用）

第一級受刑人，得准其著用所定之普通衣服。

第六十二條　（花卉書畫之備置）

第一級受刑人，得准其在住室內備置花草或書畫；對於第二級以下之少年受刑人亦同。

第六十三條　（共同食器之供用）

對於第一級受刑人，得供用共同食器或其他器具；第二級以下之少年受刑人亦同。

第六十四條　（自用物品之範圍）

依本條例所得自由使用之物品，以經法務部核定者為限。

前項物品之種類及數量，由典獄長依其級別定之。

第九章　累進處遇之審查

第六十五條　（累進處遇審查會之設置及審查事項）

監獄設累進處遇審查會，審查關於交付監務委員會會議之累進處遇事項。

累進處遇審查會審查受刑人之個性、心身狀況、境遇、經歷、教育程度、人格成績及其分類編級與進級、降級等事項，並得直接向受刑人考詢。

第六十六條　　（累進處遇審查會之組織）

　　　　累進處遇審查會以教化科、調查分類科、作業科、衛生科、戒護科及女監之主管人員組織之，由教化科科長擔任主席，並指定紀錄。

第六十七條　　（二級以上受刑人獨居之報請）

　　　　累進處遇審查會認為第二級以上之受刑人有獨居之必要時，應聲敘理由，報請典獄長核准。但獨居期間不得逾一月。

第六十八條　　（開會及表決）

　　　　累進處遇審查會每月至少開會一次，其審查意見取決於多數。

　　　　前項審查意見，應速報告典獄長，提交監務委員會議。

第 十 章　　留級及降級

第六十九條　　（停止進級及降級）

　　　　受刑人違反紀律時，得斟酌情形，於二個月內停止進級，並不計算分數；其再違反紀律者，得令降級。

　　　　前項停止進級期間，不得縮短刑期；受降級處分者，自當月起，六個月內不予縮短刑期。

第七十條　　（停止進級之猶豫及宣告）

　　　　應停止進級之受刑人，典獄長認為情有可恕，得於一定期間內，不為停止進級之宣告。但在指定期間內再違反紀律者，仍應宣告之。

第七十一條　　（停止進級處分之撤銷）

被停止進級之受刑人，於停止期間有悛悔實據時，得撤銷停止進級之處分。

被降級之受刑人，有悛悔實據時，得不按分數，令復原級，並重新計算分數。

第七十二條　　（降級）

留級之受刑人有紊亂秩序之情事者，得予降級。

第七十三條　　（累進處遇之例外）

在最低之受刑人有紊亂秩序情事，認為不適宜於累進處遇者，得不為累進處遇。

第七十四條　　（處分之決定）

關於本章之處分，由監務委員會會議議決之。

第 十一 章　　假釋

第七十五條　　（一級受刑人之假釋）

第一級受刑人合於法定假釋之規定者，應速報請假釋。

第七十六條　　（二級受刑人之假釋）

第二級受刑人已適於社會生活，而合於法定假釋之規定者，得報請假釋。

第七十六條之一　　（施行細則之訂定）

本條例施行細則，由法務部定之。

第 十二 章　　附則

第七十七條　　（施行日）

　　　　　　　本條例自公布日施行。

　　　　　　　本條例中華民國九十五年五月十九日修正之第十
　　　　　　九條、第十九條之一及第十九條之二，自中華民國九十
　　　　　　五年七月一日施行。

國家圖書館出版品預行編目

> 黑暗的角落：法律訴訟及獄政管理實務教範 /
> 　王健驊彙編 .-- 一版.-- 臺北市：秀威資訊
> 科技, 2010.06
> 　　面 ； 　公分.-- (社會科學類 ; PF0046)
> BOD 版
> ISBN 978-986-221-449-7(平裝)
>
> 　1. 刑事訴訟法　2. 獄政　3. 獄政法規
>
> 589.8　　　　　　　　　　　　99005960

社會科學類　PF0046

黑暗的角落
——法律訴訟及獄政管理實務教範

作　　者 / 王健驊
發 行 人 / 宋政坤
執行編輯 / 林世玲
圖文排版 / 陳宛鈴
封面設計 / 陳佩蓉
數位轉譯 / 徐真玉　沈裕閔
圖書銷售 / 林怡君
法律顧問 / 毛國樑　律師
出版發行 / 秀威資訊科技股份有限公司
　　　　　　台北市內湖區瑞光路 583 巷 25 號 1 樓
　　　　　　電話：02-2657-9211　　　傳真：02-2657-9106
　　　　　　E-mail：service@showwe.com.tw

2010 年 6 月 BOD 一版
定價：380 元

讀者回函卡

感謝您購買本書，為提升服務品質，請填妥以下資料，將讀者回函卡直接寄回或傳真本公司，收到您的寶貴意見後，我們會收藏記錄及檢討，謝謝！如您需要了解本公司最新出版書目、購書優惠或企劃活動，歡迎您上網查詢或下載相關資料：http:// www.showwe.com.tw

您購買的書名：_____

出生日期：_____ 年_____ 月_____ 日

學歷：□高中 (含) 以下　　□大專　　□研究所 (含) 以上

職業：□製造業　□金融業　□資訊業　□軍警　□傳播業　□自由業
　　　□服務業　□公務員　□教職　　□學生　□家管　　□其它_____

購書地點：□網路書店　□實體書店　□書展　□郵購　□贈閱　□其他

您從何得知本書的消息？

　□網路書店　□實體書店　□網路搜尋　□電子報　□書訊　□雜誌

　□傳播媒體　□親友推薦　□網站推薦　□部落格　□其他_____

您對本書的評價：（請填代號　1.非常滿意　2.滿意　3.尚可　4.再改進）

　封面設計____　版面編排____　內容____　文／譯筆____　價格____

讀完書後您覺得：

　□很有收穫　□有收穫　□收穫不多　□沒收穫

對我們的建議：_____

_____

_____

_____

11466

台北市內湖區瑞光路 76 巷 65 號 1 樓

秀威資訊科技股份有限公司　　　收

BOD 數位出版事業部

....

（請沿線對折寄回，謝謝！）

姓　　名：_____　年齡：_____　性別：□女　□男

郵遞區號：□□□□□

地　　址：_____

聯絡電話：(日) _____ (夜) _____

E-mail：_____